想 象 之 外 · 品 质 文 字

北京领读文化传媒有限责任公司　　出品

赵颖——著

你要无可替代
一个HRD的21天进阶之旅

YOU SHOULD
BE IRREPLACEABLE

北京时代华文书局

图书在版编目（CIP）数据

你要无可替代：一个 HRD 的 21 天进阶之旅 / 赵颖著 .
—北京：北京时代华文书局，2018.6
ISBN 978-7-5699-2434-3

Ⅰ . ①你… Ⅱ . ①赵… Ⅲ . ①人力资源管理 Ⅳ . ① F243

中国版本图书馆 CIP 数据核字（2018）第 112326 号

你要无可替代：一个 HRD 的 21 天进阶之旅

NI YAO WUKETIDAI YIGE HRD DE 21 TIAN JINJIE ZHILÜ

著　　者 | 赵　颖

出 版 人 | 王训海
选题策划 | 领读文化
责任编辑 | 孟繁强
装帧设计 | 领读文化
责任印制 | 刘　银

出版发行 | 北京时代华文书局 http://www.bjsdsj.com.cn
　　　　　北京市东城区安定门外大街 136 号皇城国际大厦 A 座 8 楼
　　　　　邮编：100011　　电话：010 - 64267955　64267677
印　　刷 | 北京金特印刷有限责任公司
　　　　　（如发现印装质量问题，请与印刷厂联系调换）
开　　本 | 710mm×1000mm　1/16　印　张 | 21.5　字　　数 | 344 千字
版　　次 | 2018 年 7 月第 1 版　　印　　次 | 2018 年 7 月第 1 次印刷
书　　号 | ISBN 978-7-5699-2434-3
定　　价 | 59.80 元

我答应不会让你觉得闷

爱看书评，好评差评都爱看，每一个评价，都让我感激。好评是能量补给，差评是人生动力：我还有如此大的提升空间。就如同看到镜子里的脂肪，会开心地说：还可以减这么多……

上一本书《一个 HRD 的真实一年》[①]，有说专业性够的，也有评论不够深入的，有说写得逻辑强大的，也有评论逻辑散乱的，唯一众口一词的是：很有趣，看着不闷。

李宗盛说：既然青春留不住，还是做个大叔好。虽然我的青春也留不住，但我不想做大婶：絮叨、说教、感怀身世。我尚没有资格讲道理，我就讲讲我个人的行动手册，工作、家庭、组织、健康、娱乐、个人成长都在这本便携式工具书里，即查即用，便捷高效。

选你想看的章节看，过你想过的生活，在下一个风口来临之前，做好准备，搭上顺风车。感谢你们，我答应这本书，不会让你觉得闷。

---

① HRD：全称 Human Resource Director，即人力资源总监 / 主管。

你将看到：

1. 并非老生常谈、不断重复过去的最新鲜案例。

2. 始终胜出、不断前进、探索新路、挑战自我，在困境中找到新思路的方法。

3. 如何积极寻找解决问题的新方法，今年的问题不再用去年的方法解决。

4. 如何全方位地考虑、探索每一种个人成长可能。

有人说21天能养成一个习惯，经过科学论证，辟谣了。本书采用21天的形式，并不是让你一天掌握一个技能，不断重复，最终形成你的习惯；仅仅是因为，你们都很聪明，原则上可以在一个月内复制我全部的经验，但全月无休太累了，21天刚刚好！

21天刚好是3的倍数，3是个太了不起的数字，是我个人觉得结构最稳定的划分，3可以很少，只比2多一点点，但多那么一点点，就不二了。3也可以很多，李耳不是说了嘛：三生万物。

简单、有趣的表达方式，内容又绝对有用，如果我做到了，请5分好评。

本书所有案例中的人物都是真实公司中的真实人物，为了保护其隐私，我改变了他们的名字和案例情景，如果你发现一个案例和你经历的一模一样，那只是巧合，或者说你在工作中遇到的问题带有普遍性。

contents

目 录

contents

目 录

contents
| 目 录 |

1. 人才梯队建设大纲

从4个方面还原真实场景下人才梯队建设的具体实施方法，从理论到技巧手把手教会你怎么做！

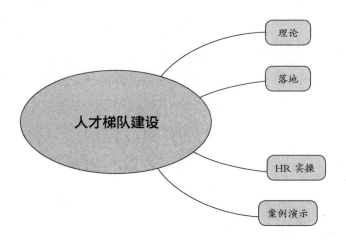

扫一扫，
♫ 收听有声版

是人才储备，当现在的人才正在发挥作用时，培养现在这批人才的接班人，当这批人才变动后能及时补充上去和顶替上去，而接班人的接班人也在进行培训或锻炼，形成了水平不同的人才，仿佛站在梯子上有高有低一样，称为梯队

是什么 ⊖ 例：赵颖是人力总监，准备培养为副总，谁来做总监呢？培养本部门的某某，谁顶替某某的位置呢？培养……

当公司内的某个职位由于公司业务的变动、提升、退休或辞职等种种原因出现空缺时，保证有两到三名的合适人选接替这个位置

避免人才断层 ⊖

为什么 ⊖ 顺利交接 ⊖ 保证目前的人选胜过他的前任，快速胜任新岗位

发展老员工、吸引新员工 ⊖ 一个人才有发展通路的公司，才能留住人，吸引人

**人才梯队建设
1、鸟瞰图**

对象是谁 业绩 ⊖ 实际工作情况

潜力 ⊖ 预测发展情况

人才盘点

步骤 ⊖ 胜任力／任职资格／人才测评

岗位职业生涯规划／发展通路

继任计划／人才储备计划

人才梯队建设管理 ⊖ 动态 ⊖ 跟踪、反馈、沟通、调整

与其他人资工作相 ⊖ 招聘、培训、晋升、考核
关联 等等

```
                        人才盘点

                        胜任力 / 任职资格 / 人才测评

          步骤  ⊖      岗位职业生涯规划 / 发展通路

                        继任计划 / 人才储备计划
                                                    动态  ⊖  跟踪、反馈、沟通、调整
                        人才梯队建设管理  ⊖
                                                    与其他人资工作相  ⊖  招聘、培训、晋升、考核
                                                    关联                   等等


                                            用经验来做人才评价和培养

                                初创期  ⊖   目的：储备人才

                                            对象：中层


                                            前 4 步
  人才梯队建设
  2、落地图      企业发展阶段 ⊖   发展期  ⊖   目的：培养人才（个人能力为主）

                                            对象：中高层


                                            5 步

                                扩大期  ⊖   目的：解决业务问题的培养方式

                                            对象：中高层



          大胆假设  ⊖   绝大多数企业做好人才盘点、相应培训即做好了人才梯队建设

                        如能根据企业需要，逐步增加 2、3、4，则已经是高水平的人才梯队建设
```

人才盘点

步骤 ⊖
├─ 胜任力 / 任职资格 / 人才测评
├─ 岗位职业生涯规划 / 发展通路
├─ 继任计划 / 人才储备计划
└─ 人才梯队建设管理 ⊖
　　├─ 动态 ⊖ 跟踪、反馈、沟通、调整
　　└─ 与其他人资工作相 ⊖ 招聘、培训、晋升、考核
　　　　关联　　　　　　等等

**人才梯队建设
3、HR 实操图**

企业发展阶段 ⊖
├─ 初创期 ⊖
│　　├─ 用经验来做人才评价和培养
│　　├─ 目的：储备人才
│　　└─ 对象：中层
├─ 发展期 ⊖
│　　├─ 前 4 步
│　　├─ 目的：培养人才（个人能力为主）
│　　└─ 对象：中高层
└─ 扩大期 ⊖
　　├─ 5 步
　　├─ 目的：解决业务问题的培养方式
　　└─ 对象：中高层

HR 实操 ⊖
├─ 确定企业发展阶段、确定领导要的人才梯队建设目的是什么
└─ 人才梯队
　　步骤
　　├─ 确定人才盘点形式
　　│　　├─ 封闭 ⊖ HR 主导、盘对范围小、少数人知道结果
　　│　　├─ 开放 ⊖ 业务部门主导、管理干部参与、分层分级进行、HR 提供技术支持
　　│　　└─ 半开放 ⊖ HR 主导、部门干部参与
　　├─ 人才盘点步骤 ⊖
　　│　　├─ 业务目标是什么，才知道要什么要的人才
　　│　　├─ 人才画像（任职资格、胜任力）⊖
　　│　　│　　├─ 岗位说明书
　　│　　│　　└─ 优秀员工事迹
　　│　　├─ 建立人才标准 ⊖ 参考其他企业模板，高管评议，稍作修改
　　│　　├─ 制定盘点方案 ⊖ 参考其他企业方案，仿写
　　│　　└─ 盘点数据来源 ⊖
　　│　　　　├─ 谈话
　　│　　　　├─ 述职
　　│　　　　└─ 日常绩效数据
　　└─ 针对盘点出来的高潜员工 ⊖ 如何培养、如何进入、退出等等，
　　　　做出系列方案　　　　　　仍然仿写

确定企业发展阶段、确定领导要的人才梯队建设目的是什么

HR 主导、盘对范围小、少数人知道结果 ⊖ 封闭

业务部门主导、管理干部参与、分层分级进行、HR ⊖ 开放
提供技术支持

HR 主导、部门干部参与 ⊖ 半开放

⊖ 确定人才
盘点形式

⊖ HR 实操

业务目标是什么，才知道要什么样的人才

岗位说明书 ⊖ 人才画像（任职资格、胜任力）
优秀员工事迹

参考其他企业模板，高管评议，稍作修改 ⊖ 建立人才标准

参考其他企业方案，仿写 ⊖ 制定盘点方案

⊖ 人才盘
点步骤

人才
梯队
步骤

谈话
述职 ⊖ 盘点数据来源
日常绩效数据

如何培养、如何进入、退出等等，仍然仿写 ⊖

针对盘点出来的高潜员
工做出系列方案

人才梯队建设
案例演示

分析企业基本情况 ⊖　成立＊＊年，从业人员＊＊人，做基本人员分析（搜人事月报，看看别人的分析）

3 年年发展目标，2018 年发展目标是＊＊

选一种形式，建议半开放

确定任职资格（岗位说明书优化）

确定人才标准 ⊖ 比如忠诚＋过往业绩

制定盘点方案

比如参考附件《企业人才梯队及员工职业规划》，确定对象范围，先对部门
负责人做，再培训负责人对部门核心人员做，或者提供名单给 HR，HR 来做

也可以和领导商议后，用其他更适合的附件（多搜几个对比下）

写培养方案 ⊖ 比如参考附件两个不同企业的例子，仿写

2. 职场沟通术大纲

对不少人来说，职场里有效的沟通是极具挑战的。

跟上司理念不同要如何沟通？转正3个月如何提加薪？他们都在讲上司的坏话，我也要加入吗？……

如果你有上述烦恼，这堂课程你不可错过。资深 HR 总监、中国首批高级人力资源管理师赵颖分享了诸多独创的职场沟通工具，这些工具全部是作者个人职场经验和培训经验的总结和升华，个性鲜明，极具实用性，让你在工作中脱颖而出。

课程内容包括：

（1）新晋主管如何管理下属：LASI 工具的沟通运用；

（2）不同性格的人如何沟通：DISC 工具的沟通运用；

（3）一张模板搞定各种沟通场景：一页纸沟通模板的运用。

扫一扫，
收听有声版 ♫

3. 职场妈妈高效人生大纲

很多职场妈妈很迷茫：如何管理好自己，让每一天变得高效？

现实是残酷的，往往因为家庭和工作的原因导致自己变得很焦虑。

资深 HR 总监、中国首批高级人力资源管理师、本书作者大白兔77赵颖教你不用5点起床，也能高效生活的秘诀：

（1）一招治愈拖延；

（2）幸福妈妈不累小贴士；

（3）快乐职场偷懒小妙招；

（4）7个步骤，7个技巧，7个学习方法。

如何过一天，就是如何过一生。希望职场妈妈可以根据自身情况找到属于自己高效的一天。

扫一扫，
♫ 收听有声版

第一周
The first week

个人技能

the first day

| 第 1 天 |

开发自我意识

保持你自我的真实，并且它必须像日夜更替一样，你不能对任何人弄虚作假。

——《哈姆雷特》

|本节导读|

　　一直觉得认清自己很重要，类似要找到自己的位置，才知道要去哪里、怎么去。原以为这是本人独特的思维方式，活到一把年纪，看 MBA 教材，第一章赫然写着：开发自我意识。原来，大学老师没教的、以为不需要懂的，再多读点书就发现：你要成为什么人，你得先知道你是什么人，在你审视你的价值观、你的情商、你的认知风格时，你开始顿悟、开始成长。

　　当你明确了自己是谁，换不换工作，换什么样的工作，换不换伴侣，换什么样的伴侣，如何在职场胜出，都不再是难题，变成顺理成章自动匹配答案的"人工智能"。

　　成年人职场成功的方法千差万别，比如，有的人能泡到领导，或者被领导泡到，这种做法最高效，我十分仰慕，但其中有缺陷——逃避了成长过程。当然，心机如我也想快速晋升，但我只想踏踏实实、通过正常的解决问题的方式来完成自我成长。

　　但，我的踏踏实实和多数人一个难题一个难题地刷又不同，因为我刷不到最后就退休了。

我的方法是对这个脚踏实地过程的优化：找高频、核心、有价值的难题去解题。以下小节涵盖职场人最容易遇到的个人问题，"是什么""为什么"请自行搜索，网络如此发达，讲"是什么""为什么"我觉得有浪费你钱的嫌疑，我只讲述"怎么做"。

我懂你此刻的想法：亲爱的作者，您是管理界老人了，经验何其丰富、老辣，最好这本书是一个疑难问题库，你给我列出一个个标准答案，我直接抄过去，这本书对我来说就是最好的书了。

我也想啊，但不能够啊，不是我写不出标准答案，是管理的世界并没有标准答案，公司、地域、大环境、你的个性等等，任何一个变量，都会影响到解题过程和最终结果，我只能给你一本参考书！

参考书的错误用法：1.买来翻看下，就扔一边去了，建议您好歹把目录翻完，下次遇到类似问题能知道在哪里找解题思路。2.买来拿来做题，你是嫌时间太充裕吗？这本参考书有非常详细的解题过程，但不是给你刷题用的，还是那句话，管理问题无穷尽，刷不完。

那参考书怎么用？一看目录，熟悉脉络；二看章的提要、节的提要；三看参考书的题目，此处的题目指案例、故事的意思，理解其大意。

照这个用法，你可以熟悉参考书的脉络甚至细节，根据你不懂的题目，迅速找到参考书上面同类型的甚至是相同的案例，去参考其详细的解题思路。并不是更快速地找到答案，而是通过案例索引找到相对应的解题过程，获得属于寻找你自己的思路的参考。

当我们遇到一个职场难题，忽然一闪，"咦，这个题目我好像在哪里见过！"这就是本书的作用——参考书的用法在于"参考"。

1. 职业选择

// · 你追逐的，你错过的 · //

2017年2月14日，我和他一起看《爱乐之城（La La Land）》，他在深圳，我在武汉。他说：很好哭的一部片子。我说：我们这里除了我，大家都在笑，我只好偷偷哭。我哭的，不是电影所表述的梦想和爱情，当然，追梦很值得哭，爱情也很值得哭，但人生的莫名其妙、没有逻辑和必然更值得我哭。

如同我们的职业选择，总是莫名其妙地开始。女主一心要当演员，不过源自她童年家对面是图书馆，图书馆里有电影角，从小看了很多老电影，家里有长辈做过演员……

我们当上 HR，往往不是心怀大梦想、不是梳理过自己的优劣势、不是评估过社会最具价值的职业，也就是这么莫名其妙去逐梦的，也许因为不懂填专业、也许因为看过一本 HR 的书、一个偶遇过的人、一部电影、一个校招海报、家里一个长辈……

我们都是在没有职业规划的时候，开始了我们的职业，和我们生命的起源一样，充满了随机性。

华为清退34+，不管这个消息是不是真的，但这样的事，绝对有可能真的发生！不仅仅是技术人员会遇到，我们都有机会遇到，跟我们职业选择的随机性相反，职业生涯中的"清退"有其必然性。

是，很残酷，但，这就是现实。钢铁丛林里，我们要有饭吃，都要一路奔跑，34+？你的价值等于年轻人或机器，你的人力成本又超过，或者被人取代，或者被机器取代。

或者，有些人，甚至我看到的大多数言论，是指责34+们：你们没有及时训练与时俱进的能力，没有及时更新知识结构，没有在35岁前从16级升到18级，没有，没有保持斗志……或者苦口婆心建议20+们，还不赶快学习，增加核心竞争力？

我，并不这么认为，自然领域的优胜劣汰，用在人身上何其可怕，白痴也许在另一个领域是天才。和34+无关，和清退无关，和职业规划无关，我们只是到了一个又一个岔路口。

活着，真的是一件蛮心酸、蛮艰辛的长途旅行。终其一生，可能我们就在饭碗中游走，但，活下去的欲望，何尝不是倒逼我们去完全绽放生命无限可能的最伟大的力量？

不久前跟一个朋友说，我能坚持到现在，不是因为我的学历好，不是因为我的资历好，不是因为我够专业，不是因为我职业规划做得好。仅仅是因为我有足够顽强的生命力，我要绽放生命更多的可能。而这样的生命力，不是专业书给的，不是各种技能学习给的，是从小看过的文学、艺术作品给的。

每个人一定都有他的价值，如果你只是做一份工，比如华为的工程维护人员，你在消耗你的价值，如果，其间你有补充的价值进来，就是增加你的价值。

当遇到"人生转场"，算一算你的剩余价值，只要是剩余价值多了的人，转场一定是华丽的。少了的，会有点难渡过，但，也不是不能过，补充价值存量就好。

我的价值进项，是文学、艺术。你的价值账簿上，进项是什么？出项又是什么？我不知道，每个人应该都不一样吧。

我不认为，有价值的事，只是和职场竞争力有关的事。只要你投入过，爱过的事，同样有价值，同样会存入你的价值账簿。换句高大上的说辞：你建立了多维竞争力。

我愿意把这样的职业危机称为"人生转场"，外界力量强势插入，倒逼我们去寻找更好的生活，或者，至少是要给自己内心那个想要改变现状的愿望，一个作用力。

// · 跳槽问卷 · //

来自很多人的提问：作为职场新人，公司并没有新人培训且长期被指挥做无价值的工作。这样的工作，多久跳槽比较合适？

我的第一份工作做了一年，找到机会立马跳了，当时只有一个目标：混一年工作经验就不再是应届毕业生！找工作不再需要挤人才市场！人山人海的人才市场，实在是够了！

第二份工作的老大说：在外企，能待一年半的人很少。当时很崇拜他，他说得都对！一直用这个标准当职场新人换工作的标准，虽然也不知道这个标准怎么来的。

职场新人跳槽的标准到底是什么呢？我也说不好，应该无公式、无标准，全凭个人对自己的了解程度吧。对自己的了解，不是一个容易的话题，比你大一轮可能还转弯的77同志，仍在孜孜不倦探究自己。

下面呢，大白兔77专门为有这样疑惑的朋友们，设计了一套问卷，请在晨间无力掀被时、午夜辗转反侧时、暖阳高照时、雾霾阴郁时等一切你觉得可以的时候，去苦苦自问自答。

一、你想要什么?

经历?资历?成长?扩大圈子?扩大圈子找男友?活下来?

建议你问自己这个问题,写10个,记得哦,一定要10个理由,然后排序,选取排在前面的三个。

不要笑例子中的"找男友"项,有心机的适婚青年,去到他们理想对象所在的圈子工作,也是比较一箭双雕的好想法。换句高大上的说辞:思考问题的维度尽可能广一点。

二、你想要的,现在的公司能给予吗?

这个问题不要轻易回答,而是要找到第一个问题"前三甲"答案和第二个问题之间更多的路径,此刻,可以想想这句名言:世界上本没有路……

举例,你最想要的前三甲是:资历、成长、找男友。继续问自己:我想要的资历是什么呢?名企?某个行业?从业资历?我希望5年后的自己是什么样的?现在的公司能帮我一把吗?通过什么形式帮呢?前三甲都这么问问,你猜,你能得到什么答案?

三、如果要换,我希望是一家什么样的公司呢?

尽量具体到工作地点、行业、职位、公司性质等等,如同我们在招聘的时候为候选人画像,此刻,你要为你理想的工作精准定位。

你不一定有运气找到一家如此符合你理想的公司,但你至少清晰地知道,你喜欢的是什么样的公司。这一点,跟谈恋爱类似,你要有理想对象的画像,但遇到非理想型,如当时有感觉,也要牢牢抓住,不要死磕你的标准。

四、如果要进这样一家理想中的公司，我的差距在哪里？如果一步到位有难度，有没有可能分成几步走呢？

找差距的方法也蛮简单的：

第一步：搜你理想公司、理想职位的JD（职业描述）；研究JD所列举的要求的具体含义。

第二步：利用你的职务之便，多找几份符合你理想公司、理想职位的简历。我们HR真没什么职务之便，就搜简历、下简历那点小权限，还不赶紧用？如果你不是HR，不妨多交几个前公司HR的朋友，这个时候他们会帮到你。

第三步：为什么你会觉得这些简历是匹配的？你能学到什么？还缺什么？怎么去改善？

以上，问卷结束，答案自显。

具体到你的公司：

1. 并没有新人培训；

2. 长期被指挥做无价值的工作。我的解题思路：

关于第一个问题，有一句名言：实操即最好的培训、工作上一切的机会都是培训、职场自我培训占主导。关于第二个问题，不知道你看不看韩剧，我看。韩剧中"前辈""后辈"的称谓告诉我：职场需要必要的礼仪、跑腿是很好的人际关系黏合剂。再者，每天30分钟跑腿，对你工作效率的影响程度巨大到哪种地步？何况，应该没有30分钟，就当休息颈椎也是极好的。

当你怀揣问卷上的答案时，打开水这样的事，绝对不再是值得一提的烦恼。如果回答完问卷，它依旧顽固盘踞脑海，那么，建议你在被指挥前就花5分钟干掉。有朝一日，你有了指挥你的那个姐姐的江湖段位，不要学她就好。

人生，是一条单行道，走到尽头，你什么都带不走，如果你能经历更多，让你有限的时间更鲜活、更浓郁，亦或即使平淡日常，也能比他人感受更多，是不是更划算？这样的经历，在工作维度，可以通过跳槽换取，也可以通过在岗精耕换取，换工作不是唯一改善生命质量的方式。

2. 职业规划

//·走，你走，你走不走？·//

关于职业规划的提问：过低的薪资与过长的加班时间，现在我该继续"沉淀"，还是"出走"？

一、其实可以三句话说完主题

1. 你在这家公司再也无法提取剩余价值，或剩余价值虽然有，低到你觉得不值得留，当然就另谋出路！

2. 沉淀和另谋出路不矛盾，可以同时做！只要有人问我要不要跳槽，甚至是自己公司的员工，我都会回答，一点都不需要纠结，动起来！不要问是跳好，还是不跳好呢，先刷新简历，面试几次，不过花了几块钱车钱，加一点看电视剧的时间，而你能换来长久的不纠结。

3. 通过更新简历、面试，重新评估自己的市场价值，不一定就是换工作。一定是有两个实际的东西，才可以对比，否则就是我现在的工作和虚拟的工作做比较。你想象中的出路，搞不好是个更大的坑。

小结：因为不知道沉淀什么，也不知道出路在哪里，所以才纠结，你回答出这两个问题，就什么问题都解决了。

道理都是朴实的、简洁的，字数从来不会多，但大家的要求都是极高的，讲完道理，还要继续解惑："那我具体应该怎么做呢？"

下面是我怎么做的个人经验，但其实——双重转折表示强调！我更愿意：

看到这里之后，你先思考你会怎么做，再接着看我的经验，而且，不是照搬，仅供参考，我哪里就十项全能了呢。

二、评估现有公司对你有哪些价值，就问题的背景介绍，我们来作分析

1.几个领导间的斡旋，你的沟通协调力锻炼出来了吗？（锻炼出来就利用完毕，下同）

2.反复修改中，文档快速修改技巧锻炼出来了吗？

3.你自己在操作或协作的所有工作，它们的工作流程你都梳理出来并优化了吗？

4.你能接触到的其他关键岗位，比如核心技术人员，某些管理岗位，他们每天都做哪些事？哪些事又是最能体现出他们价值的？你和他们的交情怎么样？

5.你们公司最好的普工是谁？他为什么能做到做好呢？他的经验可不可以复制呢？你和他的交情又怎样呢？

6.你有更多的机会结识外部客户（比如招聘网站、社保大厅、人才市场等工作人员）吗？你跟他们建立了良好的关系吗？

7.你有更多的机会结识适恋对象（面试发现、同事介绍等）吗？

小结：建议除了我列出的，你再增加7条，并在6个月内完成。很多时候，我们说，现在的工作一点技术含量也没有，没有什么大场景能给我训练，实战不了。其实不是没有场景，是我们不会发现场景，不会自己给自己出题。

三、帮你谋划出路

1. 当你在做"二"的时候，搞不好已经在公司内部得到更多机会，不需谋划下一步，能力推着你向前。

2. 如果评估"二"之后，毫无价值，你要远走高飞，第一步先更新简历，盘点自己，列出你全部会做的事，事无巨细，全写下来，作为简历底稿。

3. 永远不要期望新公司有人带你、教你。公司一定不是大学，他用你，是因为你的现有及未来价值。而你"二"学到的在职成长法，同样可以用在新公司。于是乎，你要明确你最看重的是什么样的成长？

4. 参考上一篇：跳槽问卷。

总结：如果某工作触犯了你的底线：比如活不下去的薪资、影响到健康的加班、同事关系恶劣无法改善、领导处处打压无法重新获得信任等等，走，你走，裸辞都比现在强。

你走不走？

//·一言不合就打包走人·//

蛰伏，我很喜欢这个词，伏久者，飞必高；开先者，谢独早。伏藏甚久的事物，一旦显露出来，必定飞黄腾达；太早开发的事物，往往也会很快地结束。

长久的蛰伏，必定内涵历练得饱满，而能"不飞则已，一飞冲天"。因为绽放得太早，各方面资源无法配合，注定会很快竭尽力量而凋萎。

以下有两个经典的蛰伏案例。

韩梅梅 @77：自己在上家公司招聘压力太大，现在工作比较清闲，突然没有了压力，自己不适应，没有找到方法对待。其实我自己已经发现没有进步，需要系统地学习，听课都是零碎的知识，听过也就忘记了。

李雷 @77：最近公司做了重大调整，却没有考虑我的薪酬与岗位提升的问题，虽然老板与我都知道我很重要，但是我却不知道我到底多么重要，我很焦躁，然后我突然想明白了，我在为自己做。所以我的触角越来越深，我需要学习绩效，我学习战略，我学习各种部门的知识以及整理这两年所有我自己做的事情，在脑子里制定流程图，已经定下来的东西整理归档，随时准备一言不合就打包带走。

在空闲时，能思考到自己缺乏系统性，在遇到职场不公正待遇时，学会整理自己的系统，韩梅梅和李雷都很棒！

再讲我的故事。最初入职场，非常年轻、帅气的老板就对我们说：我是大专生，刚上班就是一工厂的会计。上班时间2小时就把事都办了，其他时间看注会的书，不论同事、老板怎么看待我，我都会反问：那我哪一点工作没有做好？还有什么没有做完？他们对我做的工作无可挑剔，于是默许我学习。

这点我学到了，上班的空闲时间，我会捧着书看，遇到懂事的老板，反而鼓励我的行为；遇到不懂事的，我就偷偷摸摸看，也不公然当刺头，当刺头挺累，容易被盯上。

其实，上班看书的这段日子，一定是职场发展不顺的日子，如果在发展的上升期，再能干，效率再高，也不会有太多空闲时间给到我看书。所以，心情其实是忐忑的：要不要冲破桎梏？要不要改变现状？

而我的回答都是：自己还需蛰伏，不如趁空闲，梳理、整理、完善自己的知识能力体系。我的选择，和上面两位一样。

一言不合就打包走人的前提，李雷已经说了：你要提前准备好自己的知识能力库，挖掘所在企业能学到的，一言不合的时候，才有包可打。这个"包"也是对企业负责任的交接包，想走更快，有这个"包"想咻溜走人，老板也没怨言，估计会久久握着你的手，感激涕零。

尤其现代企业，都短命得很，变化都快得很，搞不好还没等到一言不合，公司先垮，必须时刻准备着呀。而你的准备，不仅仅可以"走人"用，企业发展好，你的准备一样有用武之地。

准备好了么？时刻准备着……滴滴答滴答滴滴答滴答。将来的主人必定是我们，滴滴答滴答滴滴答滴答。小兄弟们呀小姐妹们呀，我们的将来是无穷的呀。

以上，摘自我们每个人都唱过的、久违的儿童团团歌。

//·留在家乡，还是去北上广深？·//

问题：姐，您好，我目前在中部城市的某某公司做人力，已经三年，有点像国企，很安逸，这种安逸让我觉得有点恐惧，无法获得快速的成长，决定离开。我目前收到本市一家知名公司的邀请，但在犹豫。我更想去一家上海或深圳的互联网公司，因为我觉得行业发展趋势会更好。目前我纠结的是：一是行业的问题，到底哪个行业更合适一点，第二次择业，希望谨慎一点；第二，地域的问题，是留在本地呢还是去上海呢。听听您的建议。

大家都知道，选行业，当然要选朝阳，比如互联网、金融、教育，而曾经的朝阳——汽车、地产行业，现在是斜阳。

从提问者个人情况看，原来待的行业转汽车容易，转互联网跨得厉害了点，再则，同行业，大公司难进，小公司进不进意义不大，一则稳定性太差，二则小跳大机会渺茫，所以，就这个个案，我建议地产。斜阳不可怕，等我们个人发展到中年，他还日不落呢。

地域也是个难题，年轻人，我都建议去，去大城市看世界，也镀个先进城市的金边。但，这仍然不是放之四海而皆准的，我的个性喜欢安逸，我就选择中小城市，你能把我怎么样？（当然，年轻时，我还是在北上广待了十年的）

最后，谈顺势。假设有上帝，在武汉，他扔给我一个饼子，我不捡，因为我要去上海捡包子，上帝只好无奈地摇摇头。

真的最后一句话，请试试投目标区域互联网行业简历，与其彷徨，不如尝试，去投投简历，去面试几家，即使不一定就职，去身临其境感受下，更贴近实际的模拟下，你的选择会更坚定。

类似，我到底要选择小家碧玉，还是大家闺秀？想，是想不出来的，见几个不同类型的妹子，喜不喜欢以及适不适合你就出来了。无非花了一点点时间，而这个时间，原本，你也只是在刷剧啊。

3. 你想过怎样的生活

//·平行的空间的梦想·//

当不得不打包行囊，去人多的地方捞世界的时候，你有没有问过自己：我想过怎样的生活？

为什么我们要远离父母，追逐梦想？而那个梦想，到底是什么呢？

是高档写字楼的小白领？衣着光鲜的在面试评估表上做记录？我们对候选人的评价其实说明什么？

当我们不得不面对现实的生活，一遍遍拿起电话邀约面试的时候，有没有想过？我们在说服候选人还是在说服自己？

招聘，一直是我觉得人力资源工作中最有趣的工作了，谈起招聘，很多人是不屑的：不就是刷新招聘岗位，搜简历，收简历，打电话，面试吗？

最多在渠道上玩玩花样，拉手、拉钩、猎聘、测聘、内聘、扫楼、摆摊、朋友圈广发招聘二维码，还有什么？

最多在文案上玩点创新，用牛逼的团队、二货的前台来吸引人，还有什么高招、妙招呢？之所以觉得招聘有趣：

第一，它是一场竞技赛，指标苛刻，完不成就死，没有战争的年代，热血的你，靠键盘、电话打仗，还不有趣？

第二，它是一场宫心计，要一点腹黑和决绝。

第三，它是一场重生，每一个职位，你读透了，和候选人谈多了，你宛若新生。

第四，它是一场穿越，原本唯唯诺诺的小人物的你，在面试他人的时候，突然变成一场戏的男（女）一号，你去引导、启发、检视、考量坐你对面的男（女）二号，收服他？还是废了他？你内心万匹草泥马奔腾。

第五，它是一场属于你自己的盛宴。你会审视面试评估表上熟悉的字迹，问自己：我的评估说明什么？标准是什么？当你填写一个候选人"性格内向"，其实你在把他和自己做比较；在你填写"具备一定大局观"，其实你是希望你自己有更高的视角；当你填写"逻辑不清晰"，其实你想说你自己逻辑棒棒的。

从候选人身上，你总能看到自己的一点点影子，好像平行的空间，很多的你，过着不一样的生活，而哪一个才是你的梦想呢？

我想到的是：关于招聘，是审视自己的绝佳机会。

// · 我想要的生活 · //

水果台有档何老师和黄厨师的节目《我向往的生活》，和友人说：我们也去找个没什么娱乐、消费的地方住住？摆脱城市的桎梏，感觉好放松。友人答复：我看，您家挺符合这项要求。

我家真的挺适合，三公里外才有大型超市、菜场，家里无冰箱，不可大型采购，也素不爱逛超市，曾经做过便利店的小经理，看着货架，强迫症般想去摆放规矩，比如按生产日期先进先出……

楼下小菜场，菜品非常少，十块钱都花不完，偶尔会有骑着三轮车卖菜的阿伯，五块钱的菜能吃一整天，完全符合钱花不出去这一项。

所谓娱乐，应该就是喝酒、吹牛了，家里也无电视。

走出家门就是山，真的，城市中海拔200米的山丘，就在家门口，一路绿荫环绕。再走上八百步，比长江清澈的汉江水逶迤而过。

如此世外桃源，距离地铁站1公里！于是莞尔一笑：我想要的生活，就是现在的生活。

你想要的生活是什么？有个相交多年的小朋友，理想是当上总监，成为小中产，等他当上了总监，成了小中产，他说，他并不快乐。

有人将财务自由分成5个等级：一级财务自由，菜市场买菜不看贵贱；二级财务自由，商场购物不看贵贱；三级财务自由，珠宝奢侈店血拼不看贵贱；四级财务自由，楼盘买房不看贵贱；五级财务自由，买公司不看贵贱。小朋友说：我终于实现了菜场自由，但我还是不快乐，我到底想要的是什么呢？

我尚未实现菜场自由，经常在买一斤虾还是半斤这样的人生难题中辗转反侧，但我似乎还蛮快乐，因为，我过着，我想要的生活。我想要的生活和金钱、权力、职位、地位没有一分钱关系。

如果他没想清楚这一点，我估摸着，即使他实现了买公司自由，仍然不快乐。

有位朋友的提问，我觉得有类似的地方。

她更愿意现世安稳，但又怕别人说她不思进取，所谓现在是"本该在努力的年龄"，她和我述说，更多想要同为中年妇女的一个肯定。

比如我会说：当然，适当的时候要分重点，现在孩子就是重点，那么，事业稳固即可，不需要走上升曲线。做好适当准备，如果现在的企业有变化，你还能披挂更光耀夺目的披甲、脚踩更醒目的五彩云、重新杀回江湖。你看，我呀，我就是例子，为了更多时间陪孩子，选择更闲、更便宜的工去打，副产品是利用闲出了书，等孩子不需要我陪了，携带更厉害的武器出江湖。

是，我会这样说，但我想，不仅仅这样说。

你要想清楚，你想要的生活是什么，我现在做的事是不是和我想要的生活在靠近？才能去判断：现在公司的价值观是不是完全不符合你的价值观？融合起来是不是没有可能？总监是不是唯一的职业规划？还是说能力或其他方面的提升也能带来成就感和职业发展帮助？

另，还记得我讲过的《生活应激指数》吗？一年内的指数超过300，就会因为压力过大，导致之后2~3年身体会出现病症。换工作，本来就是人生大事件，你的应激指数会飙升，而此刻的重心，应该放在调整身心平衡上，去安稳地过几天小日子，再去接受更多挑（压）战（力）。

想多陪陪家人？那就多陪陪家人。这是我们想要的生活。

// · 8小时以外 · //

最近全国各地天气骤变，环境超过人体忍耐极限，就，就不想上班了。

有人发出一则异地高薪的职位，我说，我想去，大家笑了。看见钱，我总会眼睛发光，如同看到帅哥，但并不会行动，可见，并没有那么爱。

我有很多的开司米披肩，曾经的白日梦是不用上班，披着披肩，端着酒杯，聊天，写字。但，武汉真的没有批披肩的季节好吗！直接从短袖跳到毛衣！我甚至还有好多风衣，秋风荡起衣角，无与伦比的美丽。同理，武汉连穿风衣的季节都没有，如果你觉得一件白衬衣不足够的时候，需要添一件风衣的时候，绝对需要添加的是厚外套！

对了，我还有很多白衬衣。白衬衣，卡其裤，干净清爽，卷起袖口，全身的装饰只有耳垂的卡地亚钻石耳钉，书里的妈妈说，行走江湖，人敬罗衫，需要一件价值不菲的饰物低调傍身。

然而，这还是梦，并没有耳洞，妈妈也没有传家宝，但不妨碍一次次采购白衬衣，同理，武汉，连穿衬衣的时间都不会超过一周。

困在少女的幻想中，攒了好多用不上的物件。

我们想成为的样子，和我们真的能成为的样子，总是不一样。我们是不是一定要成为想成为的样子呢？

举个例子，年轻的时候，一直羡慕飞机轮船到处跑的人，忙到早上醒来，哀怨地低叹：不知道自己在哪个城市。

有点精英阶层的鬼作感。30岁前，我特么过上了这种日子，不知道是因为记性太好，还是不足够累，不同的城市醒来，我都能确切地知道，我是在成都的7天，还是苏州的速8，这份辛苦，居然没有我想要的哀怨低叹！

再举个例子，年轻的时候，一直羡慕有独立办公室的人，一个电话，张三进来，李四进来，等他们出去，默默从柜子里拿出酒杯，喝上一口。当我有独立办公室的时候，还喝酒？喝水的空闲都没有，还电话？不等你电话，张三李四川流不息地进来请示、汇报、交活给你！

年轻时，我们的白日梦，大多从书上，电视上看来的，我们只看到别人想呈现给我们的，书里会说麻质的衬衣，其实特别容易皱，让你看起来总是很疲惫地皱成葛大爷，完全不适合职场吗？电视里会演穿真丝睡裙在空调房，其实会得肩周炎吗？

即使我的书，也不会呈现一个 HRD 的全部，如何真实，也只能是真实的一部分。

那些年，我们做过的白日梦，是年轻的我们只看到了工作和生活的表象。不一定要披着批肩才能写字，你保持写字这个爱好就好；不一定要穿白衬衣就干练，你做事如白衬衣一样简洁明了就好；没有风吹起风衣的日子，你把自己忙得跟风火轮似的，自带鼓风机，让你的衣角刷刷抚过同事的小腿，带走他们敬佩不已的目光就好。

40岁退休的白日梦？让他见鬼去吧，你把8小时以外的日子过得像退休一样就好。

4. 工作外那点事

// · 相亲，去还是不去？· //

一、心理学角度：相亲和自由恋爱一点都不冲突

年轻的我们，都很反感相亲这种模式，觉得感情一定是没有附加条件、相看两顺眼的。今天，我要告诉你们一个真相：你以为的、如红楼梦中般的"这个妹妹看起来眼熟"的缘分天注定，只是因为黛玉和宝玉小时候真见过！潜意识里有模糊的样貌！

我们对一个看起来眼熟的人，总会有莫名的好感，这就是真相。

读书时，老师讲过的一个案例：如果你看中了某个女孩，以她为中心，在脑子里画一个半径为2.5米的圆，在圆圈附近找一个比较显眼的位置，然后安静地站过去，坚持20分钟，等对方抬头、低头、转身时，多多少少就会对你有所注意。甚至会觉得好奇：这个人是谁啊，怎么一直在那里。就这样，她对你的脸有个印象，当有一天你跟这个女孩搭讪的时候，对方会觉得你似曾相识，或许她就误会这是缘分天注定了。

自从听了这个例子，我就特别注意哪些男生总在眼前出现，还真的给我发现了三个，我一直觉得这三个男同学对我有意思，苦苦等待，一直到毕业也没有人跟我表白。

二、沃顿商学院最受欢迎的谈判课：相亲是开启恋爱旅程的一种形式

下图是谈判课上的内容，我手打的，适用于整个相亲过程！看完觉得有帮助，请点赞！

第一象限——问题和目标	第二象限——形式分析
1. 目标：短期/长期	6. 利益：双方的、理性的、情感的、共同的、冲突的
2. 妨碍目标实现的问题有哪些	7. 观点：双方的想法，角色互换、冲突、信任
3. 谈判各方：决策人、对方、第三方	8. 沟通：风格、关系
4. 交易失败了怎么办？最糟糕的情况是什么？	9. 准则：对方的准则、谈判的规范
5. 准备时间：时间、相关准备、谁掌握了更多信息？	10. 再次检查目标：就对方而言，为什么同意、为什么拒绝？
第三象限——选择方案/降低风险	第四象限——采取行动
11. 集思广益：实现目标有哪些选择？	16. 优先方案
12. 降低风险策略具体步骤	17. 发言方式和对象
13. 第三方有哪些？	18. 谈判议程、截止时间、时间管理
14. 表达方式：为对方勾画蓝图、抛出问题	19. 承诺
15. 备选方案	20. 下一步：谁会采取行动，他会做什么？

第一条、第二条：关键目标和问题点。

你想实现的新年目标是：为了安慰父母，"我要去相亲了"。你的问题是：相亲对象不可能有趣。

当你写下这个目标和问题，你会发现，你真正的目标并不是去相亲，而是

找到一个恋爱对象，因此，真正的问题是：如何判断相亲对象是合适的恋爱对象。

当你挖掘潜在的目标时，你打开了一个全新的视野，让你看到其他可能，让你不再反感父母的相亲安排。如果你不知道你的目标是什么，也可以从你认为是问题的地方开始分析。

第一象限的第一条、第二条几乎是整个谈判50%的重要内容：找到你的目标以及阻碍你实现目标的真正问题。

第三条，找到关键的谈判方，你会发现，决定是否和相亲对象谈恋爱，不是父母，不是陪同的闺蜜，不是相亲对象，而是你自己。谁说了都不算，只有你说了才算。

第四条，失败了怎么办？

大多数人，觉得相亲是以条件为中心的活动，并非以情感为中心，但，事情并非如此，条件只是一个起点，如果觉得对方不合适，他会杀了你，还是你父母会杀了你？好像都不会。如果对方觉得你不合适，你会少块肉吗？好像也不会。

最坏的结果，无非是没有结果。

第五条，准备。

情绪的准备，注意力的准备也许是最好的准备，如果对方过于紧张，也许你还要准备一两个得体的笑话帮他平静下来。

其他条款，不再举例，你自己琢磨。

三、结论

如果父母安排了相亲，去看看，并没有任何损失，也许，缘分就在今天。

//·和谁签一张心灵的契约？·//

你明明是个讲人力资源管理的，怎么谈起恋爱、婚姻、家庭？太不专注了。恩，我只是想放假休息。

专业是什么呢？可以是兴趣爱好，可以是吃饭的家伙，可以是行走江湖的护身符。专业，更像是原始人手中的石头或木棍。

虽然我顶讨厌讨论恋爱、婚姻、家庭，一讨论起来没完没了、各说各法，但我的内心还是觉得恋爱、婚姻、家庭是生活的全部。

如果说婚姻是人类繁衍的自然选择后的结果，那么，恋爱这个事完全不符合人类进步的需求，完全可以省略，不省略是因为人类还有情感的需求，人类又是一种群居动物，于是要有家庭。

看来，我们人类作为智能动物还真不是一般的麻烦。

婚姻和恋爱我觉得都是契约，婚姻有两张契约，心灵的和法律的，恋爱只有一张契约。作为社会人，多一张法律契约是合理的，就跟现在注册任何网站，你，没有手机号？都无法注册。没有婚姻的法律契约，也有类似的麻烦，但也不是没法绕过去。我以为我想谈论婚姻，写到这里，发现其实只想谈论心灵契约。

我们真的老了，你会身体疲倦，曾经闪闪发光的头发上，有了白霜，我更惨，工作战斗力只是高峰时的一半又一半，但，又有什么关系呢，走过青春，走过中年，走着走着，就老了，老了老了，就做伴了。

春天看来是真的到了，窗外灰色的房子，开始染上浅绿的光晕，映衬在透蓝的天空下。如许的柳暗花明，梨花白桃花红，没有专业的生活，也很美。

// · 要二胎会影响职业规划吗，父母催婚怎么办，春节该回谁家？· //

在中国，就没有这个又可以工作又可以带小孩的环境，基本上就只能二选一，你选娃就老实在家待几年带娃，中间参加点沙龙学习班之类的，有个人爱好的，比如我，边带娃边出一本书也是可以的（报告老板：本人现奋斗于职场，无二胎计划，就是举个例子！）。你选职场，就要不了二娃了，以上个人观点。

想起跟一个老同志话家常：心理学上一个原理，谁痛苦，谁改变。这句话，很多情况都很好用：比如，被催婚，春节回谁家，年饭吃菠萝鱼还是酸菜鱼。遇到郁闷、纠结、愤愤不平之类事，第一问：这事能改变吗？比如妈妈的唠叨，应该完全无法改变吧，一则年龄大了，是有点唠叨，二则她不唠叨你难道去唠叨隔壁小王？

第二问：在这件事上，谁痛苦？你郁闷、纠结、愤愤不平，当然是你在痛苦了，七大姑们一定不会痛苦的。

第三问：既然不能改变，我能做些什么应对之策呢？

这个时候就开动智商、情商了。妈妈唠叨，我当她在唱歌，听朋友唱卡拉Ok，即使把韩红唱成周杰伦，我会忍不住回嘴吗？一定不会，我还会鼓掌；如果七大姑追问不停，我可以转移话题，顺口问她小外甥可爱吗？提到小孩，绝对她会照新话题讲3小时；老婆一定要点酸菜鱼，那就点吧，我自己和朋友聚餐再点菠萝鱼不迟……至于回谁家，机智的你，一定比我更有办法！

感情的事不是讲出来的，不是被教会的，妹妹的小孩两岁，教他背诗：谁知盘中餐……小宝宝开心的接话：我吃！

谁知不重要，我吃最重要！

tips: 你知道你的价值观吗

我们会经常性地纠结、两难，我，我就很典型，根本原因在于：我们不知道我们的原则是什么，我们不知道我们有哪些规矩，我们没有自己的核心价值观。

想想这句话是不是好奇怪？但真的如此，因为我们没有自己的规矩，所以我们不会抉择。举例：当你在纠结选择中午吃汉堡还是清粥小菜的时候，如果你的原则是健康，可能你会更容易选，如果你的原则是节省时间，也会容易选，如果你的原则是健康为主，偶尔放肆，也会更容易选。

今天就告诉大家两个简单的方法，怎么能不费力气知道自己的价值观？

一、你最爱你的朋友哪几个优点？那些就是你的本质

比如我，大家会奇怪，我的朋友看起来和我好不一样啊，但其实本质一样：讲义气、大方、简单、爱自由、不拘一格、开放、不拘泥。只是我们把这些特点表现在不同的地方了，所以看起来不像。

你也可以找身边最好的三个朋友，分别写出他们的三个你最爱的优点，那就是最真实的你。

二、找三个你最敬佩的人，写出三个重要的品质，这九个品质，就是你追求的价值观

比如，你爱孙俪的低调、踏实、坚韧，我，普通爱，最近朋友圈都是她，

就拿来举例，你爱居里夫人的智慧、独立、奉献，你爱大白兔77的远见、感染力、善良，这些就组合成你的价值观。

三、以上两个三三得九，进行对比

你会发现，你的本质和你的价值观一定有重合项。毋庸置疑，重合的，即核心价值观，非重合的，也要重视，按你觉得的重要程度排序，挤进前三名也是核心。

当你再遇到纠结时，翻出你的三三得九，试试看，是不是可以从容地做出决定？

举例1：当你写出洋洋洒洒的薪酬改革方案的时候，总觉得哪里不对，但又说不清，于是翻出你的三三得九，重温你的核心价值观是低调、踏实、坚韧。你会发现，你觉得哪里不对，是因为方案的范儿太高调，要搅动一江水，和你的低调范儿严重不符。

举例2：当你写出公积金调整方案，尽管有三个方案给老板选，但你还是觉得都不是最好的，最好方案是：员工现在扣的不会增加，但公积金账户余额会增加，你也知道这是不可能的。

于是翻出你的三三得九，重温你的核心价值观是善良、严谨、此处省略。你会发现，原来善良，也要分近期的善良和远期的善良，看远还是看近？你继续纠结三分钟，觉得远、近无所谓，反正你的方案都对员工有利，遵循了你善良的价值观，于是，把问题抛给老板，让他两难去。

备注：此方法可用在很多地方，比如培训或点点点，开动脑筋，既然学到一招，不妨让它适用范围更广，学，并习。

四、进阶

知道了自己的价值观，在此基础上，建立自己的规矩变得容易，如同建立公司的制度，给自己来个十要十不要。从此发现，你的人生变得那么的清晰，该出手就出手，做决定不再是心头刺。

the second day

| 第 2 天 |

管理个人压力

加州大学圣芭芭拉分校研究者的一项研究显示，当人们从焦虑中摆脱出来，获得片刻休息，并将注意力集中到一些不费劲的事情上，他们的工作效果就会提高 40%。

——《反焦虑思维》

我，很少因为饿而吃，大多饿的时候，恰好也在拼命工作，顾不上饿。我，通常在不饿的时候吃东西。当我终于弄明白我吃东西的节奏，被自己蠢哭了。

暴饮暴食，医生说，是身体内多巴胺分泌异常导致的，如果长期吃高热量食物，人体内的多巴胺水平会下降，为了恢复多巴胺水平，就不得不寻找自己非常渴望的食物，于是就进入恶性循环。

医生还说，当遇到恐惧的时候，肾上腺素会上升，而这个行为也会导致多巴胺分泌降低，于是又消极、烦躁，然后，继续吃！

以上资料源自中信出版的《你的生存本能正在杀死你》，封皮上醒目写着："本书是焦虑、失眠、抑郁、恐慌、肥胖、强迫症等所有现代病患者的福音……"深深被"肥胖"两个字击中，迅猛下单！

然后，看完书，我知道了为什么，但还是不知道怎么做……

书上说，如果不能依靠自己的力量去营造内心的安全感，就会借助外力（比如吃很多），要缓解恐惧，就要学会信心、毅力。书中也提出了方法，比如远离手机、邮件、接受不完美、睡前听音乐、放慢速度、不拖延、不强迫自己完成所有工作、有规律的生活时间表、放空自己、体育锻炼……

我承认，这些方法都有效，可惜做不到啊！

诚如我们的学习，我们学会很多"为什么"和"是什么"，甚至也学到了方法——"怎么做"，但就是"做不到"。这才是胖子之所以是胖子，你之所以是你的根本原因。

当我进一步推演出真相，决定用最简单的方法"做到"提高多巴胺的分泌水平，你猜到了吗？

1. 当想吃饼干的时候，把这个感受和另一种美好的感受强行联系，假装"好吃"是另一种感受，比如"放松"。放松，是不会想到去吃的，于是就转化了，此方式有待实践验证。

2. 和写作谈一场恋爱，因为已婚，身份限制，无法再通过谈恋爱来增加多巴胺，那就试试写作吧。这一条，很年轻的时候实践过，写过一篇"和工作谈恋爱"，验证有效。

3. 早点睡，睡着了，就不惦记吃饼干了。

人，一定要活得有点意义，有意义就要有所追求，有所追求就要有所创造，有所创造的前提——让脑容量尽量大一点，让体积尽量小一点（指本人个体案例，我瘦的时候更机智，也有异常灵活的胖子，但，我不是）。

本节请不要误会是鸡汤而草草翻过，是肉！全都是干货满满的肉，怎么激励自己、缓解焦虑、随机应变、应对青年危机、职业女性怎么偷懒，都有极具体的招式。

1. 不徐不疾，有如走路的速度

//·激励自我不是用鞭子抽打自己·//

我生活在一个全国幸福指数第二的城市，这里的人，走路都不徐不疾。

这里，没有迪斯尼游乐场，爱马仕专柜常年杳无人烟，挤满小吃的夜市却永远人头攒动，这，就是生活。

年轻时，我是一个斗士，但有一天，我把开机画面改成了"和生活讲和吧"，工作以外，还有自己、生活、诗歌和远方。我们读了16年的书，但没人教我们如何懂得过生活。当友人问我们，你为什么这么忙碌？我们通常回答，我们要赚钱吃饭。可又有哪一餐我们又真的饿着了呢？特别是我。

我们想的，永远比我们答的要多。我们想要更高的职位，更多的收入，更大的房子，更闪瞎别人眼睛的包包，我们永远在追赶太阳，记得，夸父，就是这么累死的。

当你一旦习惯了追日的思维，每天的生活就只剩下日复一日的高标准、严要求，然而，这样的日子过久了，你的心变成被挤压的、不再蓬松的馒头，馒头的蓬松，是因为它有无数细小气孔，和外界进行空气交换。

工作不是不重要，它是我们用时间换钱的手段，劳动最光荣，记得，是劳动，而不是工作，劳动也可以在工作外。

"如果学会这件事，一定很好玩吧。"我会在工作中这样想，于是我学到有用没用的技能，比如1秒钟套垃圾袋，1分钟了解面试者的目的，10分钟做一份4小时会议的简报，20分钟出一份图文并茂的招聘分析报告。

"如果学会这件事，一定很好玩吧。"我更常常在工作外这样想，于是我学到了如何玩我的微信公众号，如何写出一本书，如何自己录视频课。

没有人要求我这样做，我只是在自己愉悦自己。爱茶的人，也许会尽心泡出一壶好茶来愉悦自己，爱睡懒觉的人，会睡到天昏地暗来愉悦自己，爱什么都不做的人，用一整天的发呆来愉悦自己。这么多让自己快乐的方式，哪怕没有意义，为什么我们不去做呢？

琴棋诗画，诗词歌赋，严格意义上说，都是没有意义的，不能创造物质财富，我们享受其中，是因为琴棋诗画、诗词歌赋、饮茶睡觉、吹牛吃虾，其中有生活的美，有美带给我们的愉悦，这些也是生活的一部分。

为了有口饭吃，不可避免，我们都会忙碌地讨生活。人不是机器，机器也要保养，当忙得喘不过气来，心情烦躁的时候，我会问自己，这件事中能挖掘出什么好玩的事吗？能换一种方法去做吗？一定要做吗？能给别人去做吗？能简化吗？能打包一起做吗？尽量给自己这部机器留出保养的时间来。

人的一生或事物的发展，一定都是有着发展曲线的，都是一个漫长的累积过程，初入职场，我们要一路小跑，跟得上前辈的节奏，工作一段时间，我们完全掌握了工作要领，开始不徐不疾。慢下来，反而让我们困惑了。

草原上的羚羊，从睁开眼的瞬间，一直在奔跑，因为有豹子在后面追赶。我们为什么要奔跑？又不是原始社会，没有老虎追你，也没有狮子要吃你。

工作也好，生活也好，找到你自己的节奏，享受时间赋予我们每一个人平等的权利，按照你内心的声音，踏实地，一步步地漫步你的人生路。

如果你沮丧了，忧郁了，烦躁了，让它自然地来吧，让它悄然地去吧，伤心的时候无需忍住眼泪，烦躁的时候毋需压抑，顺应自己的情绪，接受不徐不疾的步伐，承认人生有起伏，接受在曲线中的自己。

激励自己，只是一时的强心剂，生活，还是需要你学会沉浸其中去享受，而提升，就会自然而来。

//·随机应变，顺势而为·//

说到顺势而为，想起个事。因为近半年以来单位的事都多，累到无力写书，也无力写专栏，但不写点什么，又对不起传说中炖猪肉的粉条。就坚持发了下微信，然后呢，尊敬的微信公众号给我原创认证了，接着呢，没等我缓过神，又给我打赏功能了，第一天打赏，就收获了两份双拼饭，还有富余，从此妈妈再也不用担心我没饭吃了。

群里大家排队感谢我，我也不知道我做了啥好人好事，每天这么多人陪我乐，我都还没给赏钱呢，大家还赏我钱。

顺势而为就是这么回事，你一定要写书，那书一定不好看，你想写的时候写几笔，那一定是好看的；你一定要成个名家，那一定成不了，你说说心里话，坚持原创和独立思想，离个名家开始近了；你一定要成为优秀讲师，那一定成不了，你无意跟大家分享着，反而成了个艺术家；你一定要画画，那一定画不好，你欣赏画画得好的，结果捡到好几个小天才；你一定要做斗士，那一定成不了，你欣赏斗士，结果捡到葫芦岛的文下立刀（某位人生斗士朋友的网名）。

顺势而为就是这么回事，工作压力大了，环境变了，爱人跑了，都别抱怨，换个思路，做点能做的事，一样到达彼岸。

爱人跑了，只是举例，没谁的爱人跑路了，别瞎猜。天哪，为什么我有这么多待办事项却这么开心呢？好多人，都说：你干吗要这么累？是啊，我为什么要这么累呢？为了什么呢？

我回答关心我的朋友们：一件事一旦做了，我就要尽力做到自己能做到的最好，有时候一件事觉得很重要，因为觉得重要的，就放在心里一个重要的位置，然后，却忘记了。很重要的东西，我总藏起来，结果总被我藏不见，比如银行卡。我想，大约大家也这样。如果觉得重要，下次请一定不要藏起来，用起来，它的价值才能体现。

2. 如何家庭生活平衡

//·懒女人升职·//

不知道你们的妈妈是怎样……我的母上大人，从我开始踏上职场，就爱说一句话：工作不要太拼命，能偷懒就偷懒！

关于童年夜晚的记忆，永远是她在昏黄的灯下批改作业，头顶的横梁上总吊着一篮肉丸子。我们的晚餐是丸子面，她和父亲的是清汤面。吃上饭，对我们家不是件容易事，煮米的方便程度远低于下面条。如果想吃上饭，只能中午去混80岁的太奶奶的饭。

寒暑假的记忆，是独自一人，使劲擦着阳台栏杆或者给栏杆上新油漆，用以打发无聊时光。妈妈并没有寒暑假，一直带毕业班的她，总在加班中。这样一个人，不可谓不拼职场吧，但她对我们说的是：工作不要拼。对你说这样话的人，都是真爱。

隔三差五，就会收到如何平衡家庭生活的邮件，看来，这是女性永恒的难题吧。居然也有小男孩问：为什么他的时间总不够用，用上我讲过的高效工作法，但真的事情就是那么多。可见，未婚小男孩即使不谈恋爱，时间也不够用。

我的建议（个人经验而已，不是通则）：

第一、不害怕

怕时间不够用，怕求助于别人，怕别人说自己推卸责任，这些害怕于事无补，不如用害怕的时间来计算下你的可用时间预算，或者用来找提高效率的新技能，或者用来去说服别人做……

第二、减少通勤时间

据说，长途通勤时间，100% 会降低工作满意度、个人幸福感（无可考）。如果长途通勤是你的痛，想办法去改变，如果不能改变，想办法去让旅途舒适，一旦机会成熟，还是要去改变。

工作时间 =24- 睡觉时间 – 通勤时间 – 养护时间 – 照顾家人时间 – 锻炼时间 – 氧气时间

又或者氧气时间 =24- 工作时间 – 睡觉时间 – 通勤时间 – 养护时间 – 照顾家人时间 – 锻炼时间

这么一算，你拥有的时间真不多。

如果我不得不长途奔袭，会把锻炼时间、氧气时间叠加进通勤里。曾经很长一段日子，我上班拼车，用钱买多睡一会儿；下班走路一小时再转公交，又绕过了堵点，又能路上玩耍，还锻炼了身体。

再怎么忙得暗无天日，也一定要给自己留一点点的氧气时间，让自己从繁忙的家务和工作中透口气。这个喘气时间非常非常重要，哪怕每天15分钟，也会极大地增加幸福感。

对了，外出办事，我会尽力早去，减少排队时间，然后偷偷看一部电影或喝杯咖啡再回公司，神不知鬼不觉。不信你试试，8点去办社保，和10点去办，都在中午前后回公司，有没有人会发现异常？

第三、负面的情绪是正常的

承认它的存在，观察自己情绪的变化，调整和自己相处的方式。尽量客观地看待问题，比如，"我对工作和家庭投入都不够"，变成"我觉得，我对工作和家庭投入都不够"，再来追问自己两个问题：

1. 为什么这么觉得，能举例子吗？

2. 如果我做出怎么样改变，会怎么样呢？

第四、平衡的难点在于了解自己

如果你明确清楚自己最看重的是家庭，那么，共进晚餐就是你的头等大事。你甚至可以跟领导表态：需要加班完成的工作，你带回家做，或者早一小时到公司做，但最好能放你回家吃饭。

但开家长会就不一定是最重要的，开家长会或参加学校的亲子活动，不等于你看着家庭，花去的时间太多，质量不一定最高。（只是举例，看你自己觉得哪个重要）

第五、总结：工作不要太拼命，能偷懒就偷懒！

但前提条件是，你即使对付着做工作，也比其他人质量、速度高太多！高太多，和智商、情商都无关，个人经验：

1.用减法，减去不必要的事。生活中：各种积分兑奖、优惠券购物，花去的时间和收获太不匹配。工作中：对个人成长无帮助且可以推掉的任务、可以委托给他人或外包的事、收效甚微的事。

2.找到最佳的解决工作或生活问题的方法。

3.适当运用技巧或工具。

4.经常训练自己脑速：阅读、自我提问、写日记、做工作方案，各种训练方法多了去了，不需要做题……

//·如何应对焦虑·//

必须承认，大白兔77从小就是一个焦虑的孩子：考试前一定会吃不下、睡不着，即使看过三遍书，还是觉得有问题没弄清；长大后，面试会提前1小时到，去找附近哪里有卫生间。

工作之后，即使方案交上去了，再想也没用，还是强迫症般反复推演有没有遗漏或其他可能；但当领导询问细节时，不管事前推演过多少次，回答总没有底气；去办员工社保之类的工作，总担心有资料忘带了，再三检查，把能带的不该带的都带上，结果总还是会遗漏。

自诩专业能力还是很强的，做事也吃苦耐劳，可升职加薪和我无缘，百思不得其解。

一次出差，和集团人资总监一间房。在我反复确认房门锁好没有后，她笑着说：77，你什么都好，办事牢靠，可就是总那么焦虑，不够大气。几次想提你做区域人力负责人，又怕你镇不住场子，毕竟几千人要管理，你自己都这么紧张，怎么让下面的人不紧张？一个紧张的团队，精力都在无谓的紧张中提前消耗了，办正事总会差一点点出彩的地方。

我唯唯诺诺，一下子没听明白领导的意思，事后回想，她想提醒我：焦虑代表了我不够自信，代表了我无法传递积极的正能量，代表了我格局不够高，难以担当大任。

如果焦虑是个问题，那我就去解决。

生理的、心理的，研究了无数招数，比如深呼吸，冥想，吃甜点，对我都没用，遇到事情，不论大事、小事，还是焦虑中。自己没救了，干脆放弃治疗，反正也做不成头，就把手头的活研究透吧。

开始把每天做的每一件事，事无巨细都记录下来，琢磨怎么能做得更好。比如开会需要定茶点，某总喜欢一早上开会，而他从来不吃早餐，他要开的会，茶点会安排一部分面包之类的干粮。社保新增、异动都要带什么资料，做成清单，出发前打钩钩。核算薪资都有哪些注意事项，比如新进、离职、调薪、转正、考勤，也做成清单。

一个月后，发现每天多出来1~2小时没事做了，这个时间就偷懒！假装搜简历，其实研究招聘网站上免费提供的各种报告。两个月后，除了每天多点偷懒时间，同事们开始请教我问题，人称"问不倒"。问政策、问文件条款、问某个工作流程疑难点，都能啪地抛出。

第三个月，怎么觉得不焦虑了？事事都在我掌控之中？

即使突发事件，搜索脑子里相似的工作清单，按实际情况增减，反应速度超级快。恍然大悟：我把常规工作变成小程序，有模板了，调用起来速度就快，所谓胸有成竹的感觉就出来了。

什么格局啊，就是把事做细，细到无法再细，变成吃饭一样自然。金姐说：把简单的事情重复几次就会成为专家，但把重复的事情用心做了就会成为赢家。

不管有没有升职加薪，但赢了自己，不再焦虑。

//·不被时间和社会束缚·//

不被时间和社会束缚，在短暂的时间里，随心所欲。可以不被任何人干扰，无须介怀别人的评判，这种满足感与自由，除了五郎在大快朵颐时，我们也可以有——在写作时或者任何你喜欢的事，沉浸其中，就可以。

语言，是老天给我们的天赋，谁都可以说，但不一定谁都可以写，在一百年前，写字，尚是贵族才可以学习的事，大多数人，被剥夺了学习文字的权利。很多我们认为理所当然的，经历了多少代人的争取。

我猜想，以前的无法用文字表达的人，他可能用歌声来抒发情绪，所以有了劳动号子和民歌；或者藏在深闺的女子，高歌都不被允许，她用针线来表达情绪。当我能每天写字的时候，倍感珍惜和难得。

不一定要写宏伟诗篇，我们不是文人墨客，也不一定写跌宕起伏的故事，我们不是小说家。甚至只需要拿起一支笔，在书上画重点，那种自己可控的感觉，很好。

如果你情感更丰富，丰富到从心里满溢出来，去记录你的所思所感，类似用手机拍下照片，场景可以拍下，心思可以用文字来还原。

另一个功效，让你平静，让你觉得自由，即使只是一刻钟，那也是属于你的孤高。

你可以不喜欢写，但你一定要有属于你的兴趣爱好。

3. 青年危机你有没有?

//·**保住工作的第一法则**·//

工作真的很艰辛,稍不留神,掉进万丈深渊,翻身不易,算是个沉重的话题,但希望能给大家带来不轻松的未来。免于痛苦的生活是不存在的,生活不是童话,一切事物都有两面性,良莠参半,悲欣交加。与其思考太多,不如牢牢保住工作,总有饭吃。

保住工作第一法则:找准定位,你是什么位置,做什么事情。

一、案例

小元大学学的企业管理,毕业后,顺利地进入某复合型公司从事打杂,鉴于出色的计算机应用能力,以及大学学到的管理知识,他能高效完成数统工作的同时,还能偶尔有好的点子提出,加之能忍受高强度工作、低待遇。没多久,他在一群人中跳脱出来,事实上,同一批入职的,都因为待遇低工作累跳槽了。

半年后荣升人事主管,他只管他一个人。在什么都做的情况下,也取得了阶段性成绩,比如一次性招到多名实习生。但老板仍然有微词:人员层次低,希望你下次招有经验的。

小元求学若渴,报名了各种培训班,同时在读第二学位、考驾照。为了应对未来,不得不现在刻意训练自己。

此刻,小元很是苦恼:我学了很多,但仍然不能解决工作中的问题,比如低于市场行情的薪水,善变的老板,有经验的人不愿意来。我要怎么把工作做到点子上?

二、解析：以下不是鸡汤，我保证

读书的时候，有老师给我们提出要求，毕业后，居然人人都觉得我们应该知道做什么、怎么做，其实我们并不知道要做什么，怎么做。

我们遇到了"青年危机"，青年危机是什么？我解析为想要的太多，想学的太多，对个人迅速成长极度渴望，但对成长为什么样，没有一个标准，只有一个模糊的影像，无时无刻不觉得自己有成长。你不知道目的地，当然不知道走到哪里了、离目的地还有多远。

儿子的初中学校的校训是：每天进步一点点。隔壁省重点初中的校训是：发挥潜能、创造辉煌。

因为这句话，我们没有择校，选择了"每天进步一点点"，比起创造辉煌，每天进步一点点更符合自然规律。不是每个人都可以创造辉煌，我们没有魔法棒，时间、体力都有限，我们能做到的，只是每天进步一点点。

三、思考

1. 你最终想成为一个什么样的人？为此我准备做什么、已经做了什么？

2. 今天的你，和昨天的你一样吗？不一样在哪里？进步了什么？用进步的那一点点解决了工作中的什么问题？是不是更有成就感？

3. 一年累计下来的一点点，是多少？

带着期待工作，即使你现在是什么位置，不代表永远是这个位置，为了未来的位置，要时刻准备。

//·每天进步一点点·//

小元更纠结，他说：姐姐，我每天进步不了一点点，你说的招数，在工作中，我一个也用不上……

这是很多人有的问题吧，比如老板太低级，同事太低级，我空有一身武艺，找不到对手。

中文里有个词叫十年磨一剑，好吧，这不是词，是短句，中文真的有个词，叫蛰伏，就像虫子一样，长期躲在一个地方，隐蔽起来，等待适合的机会。

青年危机的你们，还缺了一点点耐心。1万小时的训练，管他是真是假，哪怕你训练了500小时，也一定大有进步，何止一点点。

比如，我是一朝成了专栏作家的吗？真不是，从大学开始在各大报纸、杂志发表文章，写过300百多篇私密博客，对不起，不能对你开放，你再怎么求也不行，200百多篇私密日志，在写作这个事上，我用了不止10年。还有你看不到的：每年100本以上的阅读，每天无时不刻地思考（发呆）。

不能再说下去，再说就变成鸡汤了，我们回到小元的困惑。

每天真的练习不了吗？错！

比如听我的课"如何找到人"，除了听我说，在工作中练，你可不可以跟自己提出问题：除了77提到的 CRM①，从其他部门还能学到什么？从运营那里能不能学他们怎么增粉的？怎么增加用户黏度的？这些方法我能不能用在与候选人的关系上？

有个叫小花的妹子说，她是 HR，可是前一份 HR 工作要刷盘子洗碗、管理绿化带。我没说，我前前份工作，人力总监呢，官大吧，我还摘菜。

从摘菜中，我学到阿姨们为了什么到这里来工作，她们最在乎什么，她们

---

① CRM：全称 Customer Relationship Management，即客户关系管理。

043

喜欢什么样的领导方式等等。此后招聘基层员工和基层员工的考核设计，我都用到了摘菜所学。

哪怕摘菜，我也在进步。

心理学上，在心里预演的和真的做，有一样的感受、体验，不信你问问运动员，他们的训练方式就有心理模拟。只不过，心里演和真的演还是有差，我们不能预期所有意外情况，真的演意外更多。

心里演也不能纠偏，真的演能发现偏差从而纠正，但在无法真的演的情况下，每天进步一点点还能从心里一次次演开始啊。只要你想做，你就能做，和谁低级没有关系，只要你不低级。

小元，还有什么疑问？请继续，你层层递进的提问，就是每天进步了一点点。

tips: 选择，是一种放弃

人生是单行道，回不了头，但是，瞎想一下又何妨？假如我有任意门……你想对5年前或5年后的自己说什么？

5年前，那个时候的我在外地工作，顾不上家。决定钱再少，我也要回家乡，事业再出色又如何，权力和金钱换不来很多东西，比如孩子的成长期、你的陪伴。

如果回到5年前，还是坚持这个正确的决定，因为回到家乡，钱少活不忙，才有空闲写专栏，才有机会出书，才成为了现在的大白兔77。

选择，是一种放弃。放弃一些，才能得到另外一些。

第一段遐思，如果可以，我想对5年前的自己说：

1. 不要太焦虑，回家乡找工作是很难，你会几个月找不到合适的，你会和民企老板磨合得很痛苦，但这些都会过去，最终，你很有成就。

2. 不要有那么点小忐忑，害怕自己不够专业。专业技术问题，从来就不是问题，你的专业足够用了，难的是具体场景下的运用，而你足够灵活、反应足够快捷。

3. 不要害怕账户上的数字减少，你从来没有因此饿过一餐。

4. 即使被伤害，还是要尝试合作，商务合作从来不是交朋友，而是互帮互助，你从商业伙伴那里学到了很多。

5. 不要懊悔在兴趣爱好上浪费时间，年轻时代的播音主持经历，会为你带来很多，包括出书，包括上课，一点点小小的优势，让你杀出职场重围。

6. 你坚持原则的作风，开始会得罪人，但之后会被更多人接受，你会树立自己的管理风格。

7. 不要怕自己言语太温柔，你水一样的个性，反而让你走得更远。

第二段遐思，如果5年后的自己，会对现在的自己说什么呢？

1. 您太胖了，害现在的我一身病，请您务必少吃少喝，你要控制你自己。

2. 请务必早点睡觉，拼时间的代价是现在的我颜值下降很多，颜不动人，你做的事打动力会下降！

3. 请坚持写下去，哪怕很辛苦，哪怕没有喝彩，也请经常用文字洗涤自己的功利心。

4. 不要害怕高层的动荡，那和你没啥关系，做好手上的活，你一身绝技，哪里都有饭吃。

5. 不要放弃对大脑的锻炼，你的逻辑性曾让你出彩，不要因为年老而逻辑丧失。

6. 专业的道路永无止境，该看的书要坚持看，该了解的管理界变化要保持敏锐。

7. 请继续结交朋友，他们让你更快乐、懂更多。

第三段遐思，现在的我对5年后的我说什么？

1. 伙计，你运气不错，放养的娃一点不需要你操心，他硕博连读啦，或者，他上班啦，无论如何，都是一件开心的事——他长大了，有自己的人生路要走，你的搀扶任务到此结束。他需要你当顾问，你提供意见，他不需要，可千万别啰嗦。

2. 伙计，你运气不错，爱人还没换，彼此交流仍然有话题。你有丰富的内心，自然有交流的话题。

3. 伙计，你运气不错，三茅网做成千万用户级了，而且非常遵守合同约定，作为网站自主开发的优质作者，他们继续向千万用户推送你的书《一个 HRD 的真实一年》呢，你就数着稿费偷着乐吧。

4. 伙计，你运气不错，双亲身体尚好，你是有妈妈、爸爸的孩子。

5. 伙计，你运气不错，高龄了，还能在职场屹立不倒，保持持续的创造力。

6. 伙计，你该考虑退休后的生活了，除了工作，你还会什么？

7. 伙计，数一数现在的朋友，现在就把他们更放心上。

the third day
| 第3天 |

创造性解决问题

少时不识月，呼作白玉盘。

————李 白

初中正式接触美术，我对有艺术创造力的同学羡慕不已，同样的颜料他们就是能画出让看得人觉得很不一样的作品来，树，仍然是绿色，太阳仍然是红色，并没有创造出新色彩或新构图，但就是不一样。

高中看闲书，美国女作家玛格丽特·米切尔的《飘》（*Gone with the Wind*）讲的是美国南北战争时斯嘉丽的爱恨情仇。中国作家张爱玲的《倾城之恋》讲述20世纪30年代上海和香港两地的一段华丽而苍凉的传奇爱情故事。不同国度、不同时代，但本质都是讲述社会、历史的重大变迁，旧日熟悉的一切一去不返，女性自我的成长、命运的变迁。如同初中看画，此刻的我感受到文学的创造力，但打动我的书其实并没有讲出新故事。

创造力是什么？我也不清楚，我想，这是一个外来词，如同变通力、精进力是翻译过来的，但不论它是什么，它一定不仅仅是创造新东西，它一定还有其他内涵，同时也不妨碍各国人民向往它。党章总纲也说：要不断提高党的创造力、凝聚力、战斗力，建设学习型、服务型、创新型的马克思主义执政党，使我们党始终走在时代前列。

由党章，我大胆推测：创造力，是使我们始终走在时代前列的必要因素。

工作后，因为有了中学时代的领悟，在创造力上，我从来不追求"不一样"，我也不要求自己和子女做"独一无二"的人，在我的理解中，创造力是打破常规，敢于冒险；是澄清问题、逻辑思考；是不断改进，是比别人更快解决问题。

1. 打破常规，敢于冒险

//·大公鸡和小母鸡的故事·//

表妹的女同学小花一定要请我吃饭，这妹子咋啦？有新情况？见面才知，小花要升职了。

小花是毕业时求我润色简历结识的。今年毕业一年多了，做打杂出身，因吃苦耐劳，老板在年会上宣布，即日起，调入人力资源部，任人事主管一职。这是好事啊，我为她高兴着呢，可妹子说：我什么都不会。

这句话怎么这么熟悉？我不得不停下刀叉，沉思起来。在我被称作"77老师"的各种群中，这句话不绝于耳，在工作中，也不少人年轻人这么跟我说。

"你听过大公鸡和小母鸡的故事吗？"我问道，小花扑闪扑闪大眼睛看着我不语，一身红衣衬得脸更白痴。我懂了，她并没听过。"大公鸡，就是我这样的职场老鸡，经验丰富，目标明确，你给个问题我，我就能想到解决方案，俗称目标导向型职场达人。"

"小母鸡，就是你这样的，没有目标，但好奇性甚重。有一天，咱们两只鸡都在栅栏里呢，有人在栅栏外撒了一大把米，咱们都想吃啊，于是目标导向型的我，伸长了脖子，企图啄到外面的米，努力，再努力，只要脖子伸得够长，就有希望。"

"而你呢，啥都不懂，不懂要伸长脖子，不懂要爪子掭地，你东转转，西晃晃，已经忘了外面有米这个事了，突然，栅栏的后面有条缝被你发现了，咦，外面是啥呢，出去瞅瞅，转个弯，发现地上的一摊米了。所以说呢，懂不懂没关系，你有强烈的好奇心，总能另辟蹊径。"

"你的明白？"我问小花。小花若有所思的样子，一脸明白样，我知道，她一定没明白，这么复杂转弯的故事，90后是不想去弄懂的。

餐桌上的话题就被转移到热剧《太子妃》上了，小花说："剧组真是穷啊，大家都穷得没裤子穿。"

"那你知道，《太子妃升职记》的服装总设计师，跟你一样，才毕业一年吗？他去年才毕业，还不如你职场经历久呢。你觉得，他毕业一年，懂很多吗？不懂，不代表他不会设计啊，我就觉得剧里的服装时尚感满满的。"

小花眼睛一亮，我知道，她有好奇心了。以下，是我给她剖析的关于工作经验只有一年，什么都不懂的服装设计师如何成功挑起《太子妃》服装设计大梁的：

第一，他胆子大，不因为自己没经验就畏首畏尾；

第二，他听得懂老板的话，导演说要另类要时尚，他深刻领悟了导演指示，从各大秀场找创作元素；

第三，他审时度势，8月拍的剧，不穿裤子多凉快，受到演员好评，让演员舒服了，才能更好表现，在很多剧里，服装只起到装饰效果，而他能把服装融入到演员喜好中；

第四，他会抓重点，拍戏赶时间是重点，精雕细琢就不是重点了；

第五，他谦虚，网友说服装简陋，他就坦荡荡承认简陋，因为时间赶。

第六，综上所述，他的设计得到高层认可，并始终保持与高层的密切沟通，以免走偏，同时，他也得到演员认可，舒服才是真的好，再次，充满了个性化的设计，太医帽子上的香奈儿，你以为仅仅是香奈儿的标吗？那是服装设计师的个人意识在作品上的体现。

这几点，在工作中，同样适用。不懂？什么都不会？那就对了，保持好奇心，探索未知的领域，找到属于你的正解。人生的烦恼大多数都没有正解，面对这些苦恼，你必须给出一个属于自己的答案，实际上，很多问题也没有唯一正确的答案。

"小花，再给姐姐点份榴莲比萨。"

工作跟榴莲一样，闻起来粑粑味，你去尝试了，才发现并没有那么难吃，也许还很美味，也许你从此还乐此不疲了。当然，它极有可能就是粑粑，人在江湖，吃屎难免，怕吃到而不去学会分辨恐怕会错过美味无数吧。

小花给我点了榴莲味比萨后，又扑闪扑闪着大眼睛问："77姐，那你说，明天我上岗了，我要做什么？以前的同事变成了下属，我要怎么跟她打招呼？还有，我不知道老板给没给我长点钱，这个可以问吗？"

小花所在的公司情况我还是蛮了解的，小型销售公司，不到100个人。一个老板管业务，一个副总管内务，没有人事经理，副总直管人事，人事两个人，小花和另外一个姑娘叫小咪咪。为啥我这么清楚呢？小花是个爱碎碎念的姑娘，每次见到她，她都有无穷的问题要问。

为什么他们家公司工资是财务做而不是给人事做呢？为什么不给她招个经理好带带她呢？为什么副总什么都不懂还管人事呢？为什么小咪咪每次办社保

都要她帮着去找副总盖章，自己的事不自己做？在她的碎碎念中，我对他们公司的了解比自己公司还深刻了。

我问小花："你知道你是怎么当上主管的吗？"小花晃脑袋，一头长发跟着摇曳，快甩到我的比萨上了。

"一种可能，老板直接看上你了，委任了你，绕过了副总，副总现在正在不开心呢……"听我这么说，小花一口水差点喷出来，她还要在副总手下混，被钦点了，就是得罪副总了，小姑娘心思还是很敏锐的。"一种可能，是副总向老板推荐了你……"小花一口水终于咽下了，埋怨我："你怎么说话还大喘气啊，吓死宝宝了。"

"那你觉得是哪一种可能呢？"我问小花。小花哼哼哈哈说不出来，觉得都有可能。

"现在，你就跟副总打感谢电话，谢谢他推荐了你，你能升职这和他的一路帮助分不开，你一定会继续好好工作，还请副总不吝赐教。"

我接着说："不论是不是他推荐的，你都表了忠心，即使不是他推荐，也买他的人情，愿意还他的人情，如果他说其实是老板看中你，你就说，那也和您平时在老板面前替我担待分不开；如果他说不用客气，是他推荐你的，你继续谢谢，也问问，哪里不足需要指导，明天当面再请教。"

"77姐，你给我写下来，我记不住这么多话……"小花不好意思地拿出小本本。随身带本本的习惯，大约是我愿意和她说这么多的原因吧，谦虚好学的人，运气总不会太差。

人的欲望决定他说话的方式，听听副总如何说，就知道他在想什么：毁你还是爱你！去打电话吧，皮卡丘！

//·学专业，不需要死磕·//

正等着榴莲比萨上桌呢，小花吭哧吭哧从包里掏出一本书，上面写这几个大字《人力资源管理师（三级）》！

"妹妹，你和我吃个饭还看书啊？虽然我觉得利用碎片时间学习是学霸的好习惯，但是，咱们都不是学霸，聊个天不好吗？"

"不是的，77姐，这本书，我买了半年了，你看，到现在才看到第三页，我就想问问，这么枯燥的书，我要怎么能在半年内看完呢？"

我接过书，封面半新不旧了，可见在包包里被蹂躏了多日，每天带出带进，可就是没翻开过，一小半还有被打湿过的痕迹。

"这湿印子，你别告诉我是你枕着睡觉的口水，我嫌弃。"小花说："哪能呢，我口水没绿篱多，这是吃早餐想看书来着，不小心洒上去的牛奶，你闻闻，是奶香味儿。"牛奶我也嫌弃，我心里默念。

既然小花诚心请教如何半年内看完一本专业书，我也开始掏包包，掏出一个笔袋："小花，你仔细看好了，我现在是刘谦，给你变个魔术。"

我从笔袋里拿出一沓小贴纸，花花绿绿的，这是从朋友的女儿那里顺的，"你看，该书共6章，我们用醒目的蓝色标签纸竖着贴，做分页；第一章共4小节，我们用柔和的黄色标签纸横着贴，做分页，以此类推，现在我们有了21个黄色小节，一节少的几页，多的也才十几页，每天看一段黄的。"

"你看看，下一个黄色标签马上就会翻到了，这样你就不会觉得一本书有多难看完。"

"一本书才几十块钱，你还可以只撕下当天要看的页数随身带，而不是背着一本书，累是次要的，主要是每次从包包里掏出来、翻开，就要1~2分钟，这个时间你能看1~2页书了。"

小花深深沉浸在贴少女系标签纸的快乐中，边贴边应声："真的哦，这样一贴，觉得一次也就看那么一点，好像不难。我懂了，跟跑马拉松一样，分小段设立里程碑。"

我又问："小花，你认识我一年了，见过我穿裙子吗？"小花晃脑袋。"为啥我一年四季不穿裙子穿裤子，是我腿不够长吗？"

"当然不是，因为裤子有兜，顺手就能从兜里掏出个手机看看，掏出个小本子记事，省了从包包里掏的时间，一天掏10次，也是20分钟、半小时呢。"

从裤兜里掏出一只双色荧光笔："你看，这也是个法器，第一章：人力资源规划分了4节，企业组织结构图的绘制、工作岗位分析、企业劳动定额定员管理、人力资源费用预算的审核与支出控制，你顺手用黄色的荧光笔涂上，你就知道这一章的结构了，其中的小单元你也同样可以这样画出结构。"

"看书的过程中，遇到不懂的，理解不了的，不要死磕，你用蓝色的荧光笔做关键词的标记，等一章读完，回头看看蓝色部分能理解了吗？不能，不要死磕，等一本书看完，再回头看蓝色部分。这支笔的神奇在于，你看书的过程中，就在舍弃，几百页书，这么舍弃下来，有记号的就是你该重点理解的。"

有时候，第一次接触一个知识类别，一本书大部分都是你不懂的，每一个小节你都死磕、想弄明白，只会让自己疲倦，从此心生恐惧，一旦你怕了，就更看不进去了，这个时候，让你的身体带动脑子，通过动手，比如贴贴标签纸啦，画个彩色线啦，写上一句话点评啦，让脑子不断有新的输入物，受刺激了，也就活跃了。第一遍一定是泛读，通篇泛读下来，有了一定知识结构和概念的积累，也许回头去理解一个问题就好理解了。

穿裤子的好处在于，能随时掏出一页书去读，让阅读变成随心而至，跟掏手机一样顺手、变成生活的一部分，但吃饭的时候，忘掉你的裤子兜，好好吃饭。

//·琅琊榜首，江左梅郎·//

小花顺利当上了小主管，虽然只有一个下属，虽然上头也没有经理，副总直管，但她就是主管了。

小花致电："77姐呀，要过年了，都下雪了，好冷好冷的，副总还让我招人，说一天至少约到三个来面试，你说，他是不是变态？"

"他是变态，我也是。亲爱的小花，我们不能今天只做今天的事，我们要今天做明天、后天的事。大雪天还愿意来面试的，来一个准入职，就算没来，至少开年他记得你，你再打次电话试试，约来的可能性比较大。每年的除夕是我的面试高峰期，你信吗？

"好多北上广只有除夕才能回老家，这个时候顺便到公司坐一坐，彼此初步接触，有合适的机会，一拍即合。而除夕夜的邀约我是什么时候做的呢？中秋前。"

小花又说："可我约不来人，简历都刷灰了，每天都没有更新的，让我大变活人吗？"

"请问小花，你认识才华吗？她也这个行业的HR，问问她有没有离职回家的，或准备回老家发展的员工；你认识杜杜吗？她也是这个行业的HR，你问问她上一家公司的同事还有联系吗？你认识77吗，77家公司正裁员，好多人苦坐家中；你们家跳槽的产品经理在新公司还开心吗，有身边的人想换工作吗？你认识蛋蛋吗？她家的前招聘经理的新公司据说垮了（说到这里，我觉得自己有够八卦，别人家，前招聘经理，新公司，我都能知道）……消息放出去，多多少少总有些反馈回来。朋友，是最好用的招聘利器，你能帮人找到工作，大善事也。"

小花说她试试去，这点挺好的，勇于尝试。

今天做明天的事，未雨就绸缪，这就是预见性，这就是战略思维，多难呢？一点都不难吧。战略不是喊口号，不是一句空话，战略是有清晰的、明确的、看起来似乎不可能实现的目标，并且，有行动目标（比如一天约到三个人）！在行动中不断追求、不断选择、不断取舍。

亲爱的小花，想想你的（你们公司的）使命是什么，你的（你们公司的）定位是什么，你的（你们公司的）优势又是什么，就能吸引合适的人来，找对象和招聘理同。

《太子妃升职记》已经下架了，只能回忆下我们的梅长苏哥哥，他是怎么做筹谋的？"琅琊榜首，江左梅郎，麒麟之才，得之可得天下"，这句江湖传言谁传出来的？梅长苏之闺蜜琅琊阁少阁主；梅长苏怎么进京的呢？朋友萧景睿带进京的；有困难谁帮他？蒙挚、言侯、霓凰郡主。

"筹谋"这个词听起来太高级，其实无非就是筹划筹划，找找朋友，想想办法。一天约来3个，10天也能累积30个，这30个再帮你推荐30个，60个人中总有6个是合适的吧，即使大雪天，即使你不懂战略，不会筹谋，10天也能招到6个人。如果你上个月做了这个事，现在就有6个人在手，如果你现在做了这个事，开年就有6个人在手。

梅长苏哥哥神机妙算、步步为营、意志坚定、永不妥协、执着隐忍、神秘莫测，你看，你就差个神秘莫测了。你和梅长苏的筹谋比，一点都不差。

2. 澄清问题、逻辑思考

//・三分钟掌握逻辑思维・//

微信群里海燕问：如何提高语言组织、准确表达以及逻辑思维能力。问得真好，语言的表达一定是思维的表达，说不好，不是不会说，是没想好。我是一个语言表达不怎么样的人。

群里的大师兄怒吼：77，你这是说啥腻，你算语言表达不好的人吗？还给别人活路吗？

真的，我真的是，我文字功力并不深厚，让你们觉得语言能力不错，不是因为语文，是因为我初中数学还可以。

下面以上一节《不徐不疾，有如走路的速度》写作思路为例：

是一位朋友的提问，他问：工作两年，都是事务性工作，没有当年的激情了，怎么自我激励？

刚收到这个提问，是周五，下班回到家就刷刷开写：自我激励有哪些方法，但并没有回复他，总觉得哪里不对，暂时放了放。第二天，周六，休息日，突然就想通了，于是列了一个表，写出《不徐不疾，有如走路的速度》。

提问：怎么自我激励			
已知条件	关于已知能想到什么	用什么原理解题	解题步骤
2年	是瓶颈到了？是花心了？	应该不是变心不爱了，是瓶颈了要什么破	
以前很有激情	自我激励是什么	是伟哥	5
学到东西	怎么才能学到	学习方法	4
现在很忙	为什么忙	解决无效劳动，提高效率	3
越忙越烦躁不知道原因	会有哪些原因呢	累狠了，没有新知了，没有其他娱乐，被榨干了，只出不进	2
想回到从前的状态	为什么想回到从前	吸收状态	1

我问你啊，你知道我解题步骤为什么是这样吗？正常情况下，不应该5是1吗？开门见山，直抒胸臆？老师都是这么教的。但我看电影发现，大家都把最重要的悬念放在最后，我就把看电影学到的方法参考用上了。

为什么文章问的是如何自我激励，而我偏不说激励呢？是我想从同质中闪亮一下吗？当然不是，有时候，问问题的人，并不知道他的真实问题，跟你去看病一样，你跟医生说你感冒了，开药吧。医生一定不听你的，而是问你有哪些症状，从而判断你是什么病。你看，从看病这件事上，我也能学思考的逻辑。

也有人推荐海燕每天做一道逻辑题，做逻辑题能提高逻辑思维，但还是不能解决语言表达问题，而用初中数学功底，好像又能解决逻辑又能解决语言表达，当然，以上只是一种解题法。我承认，我看了那段视频《她最后去了相亲角》，广告最终表达的，我理解，不是剩女不要怕，不是独生不可怕，不是被亲情绑架，这些视角都太小，它说了一个大题目：女性，独立，改变命运。

独立，先从有女性独特的思维模式开始吧！

//·是什么让前台成为 HR·//

到底是什么，让一个前台成为 HR？是什么特别原因，使得优秀的 HR 能调动企业一切力量？能带动绝大多数员工？又是什么让一个普通 HR 能经常写出干货？（此处在说我）

印度裔导演塔西姆·辛说过：他30秒的广告作品，是过去所有生活的结晶——喝过的每一口酒、品过的每一杯咖啡、吃过的每一餐美食、看过的每一本书、坐过的每一把椅子、谈过的每一次恋爱、眼里看到过的美丽女子和风景、去过的每一个地方……

优秀 HR 其实也一样，你处理事情的方法，不仅仅来源于专业技巧，而是你所有生活的结晶——你看过的书，爱过的人，唱过的歌，自我的训练，成就了现在的你。

所以，结论一：HR，是一种语言，可以训练。

我们去做一件事，我们也去反思，如同演奏家除了用手，也会用耳朵听，反思，往往是我们忘记去做的，HR 的训练其实蛮简单：去看或听＋练习＋反思。

去看或听＋练习＋反思，这就是逻辑，所以，结论二：HR 需要逻辑。

在工作中什么时候不需要逻辑思维呢？

我们总觉得好像在所有的交流中都需要有逻辑性，并不！在别人向你倾诉烦恼时，在讨论中提出想法时，或者是在交换信息时，并不一定需要逻辑性。你在和别人聊自己的烦恼时，听到的都是大道理，心里肯定不好受吧？另外，在讨论中提出想法时，用发散性思维反而能提出好想法。在交换消息时，不用逻辑性语言会更亲切。

什么时候一定要逻辑性语言呢？在需要得出"结论"的时候。想要说话有逻辑，就必须有结论。无论传达什么信息，都是为了让对方知道"结论是什么"。

孙孙汇报：77，财务说原本明天发工资的钱不够。猜猜看，她想表达的结论是什么？可能是：

1. "77，你能和我一起去财务那里协调下吗？"

2. 也可能是："我马上发员工通知。"

3. 还可以理解为是："77，麻烦你去找财务或老板交涉一下。"

4. 或者"我现在马上去财务或老板进行交涉"。

不说出结论而让对方去思考，说的人会太简单，但是对方理解的并不一定如你所想。于是误会丛生。

所以，结论三：简单逻辑训练，从有结论、有理由、结论和理由有联系开始。

犹记得去年夏天，编辑宋文先生说，看到你的头像一个大红围巾就热，去，去给我换了。换了一身黑，挺职业的，宋先生却说，还热。今年秋天，不等宋先生催，我自觉换了专栏头像，这，也是逻辑。

3. 一秒钟，提升创造力

很多很多人，是这么说的：姐姐，我工作一年多了，除了招聘，感觉自己什么也不会，招聘也做得不专业；77，我工作三年了，也考了人力资源管理师，可我还是不能有你那样的创意，关于工作，常常觉得无从下手；大白兔姐姐，我工作五年了，还是专员，不知道怎么提升自己……

工作，如果只是拿时间换钱，那真的不要做人力资源管理，穷啊。每当小元问我年薪，我都羞于回答，也算大城市，也算高管，也许不如小元公司的销售经理拿得多。中餐在一个荤菜还是两个荤菜中纠结，什么时候才能毫无顾忌地点三个荤菜啊！

但如果你把人力资源管理当创造性的工作，在其中充分发掘你的好奇心和创造力，不要仅仅想着天天有肉吃，则有趣、好玩得多，且在工作中的核心竞争力也强非常多，不再担心找不到工作，而是随着个人品牌的树立，工作开始来找你。

事实上呢，要成为有创造力的人，你不是万事通也没有关系，你知识不足够丰富也没有关系，你是零蛋都可以。

重要的，是保持期待。即使你现在是什么位置，不代表你永远是这个位置，而，为了未来，你必须时刻准备缝合零蛋。

缝合零蛋技术一秒钟揭秘

1.孩子一样，对事物保持兴趣。

2.立刻采取行动，不要等。

3.收集、分析掌握的信息，整理出属于个人的想法。

4.在此经验上，逐步形成逻辑思考的习惯。

//·缝合零蛋技术行动指南·//

1.现在你手边有什么活在做？想想有没有其他完成的方式，想想按常规完成，能不能从绿皮车提速到高铁？中间要采取什么技术？

2.这件活完成后，有没有总结：自己是怎么做的？和以前比有什么不同？为什么这次会这样？

当我们觉得自己不行的时候，或者觉得不知道从哪里开始提升自己的时候，试试从手边的活开始，你去投入了，去钻研了，舍得下力气了，会发现更多的门窗打开了，零蛋，就是这么在前面加1变成10的。

tips: 轻冒险

我，不爱旅行，因为，好累哦。Travel 源自法语，原意"辛劳的"。看来，古时候的人们本来就认为，旅行当然伴随着辛劳和困难，换句话说，没有辛劳和困难，就欠缺了旅行或冒险的本质。

我，开始改变我的观点，做好心理准备，面对冒险或旅行中必然会遭遇的挑战。如果每天过着一成不变的生活，人的思考就会陷入陈规旧套。

第一阶段：轻冒险

1.稍微改变一下平时的路，即使只是这样微不足道的小事，有时候却能有令人惊喜的新发现。

2. 挑战未知的食物。

3. 活动身体，激发五感。

4. 习惯性"惊讶"，小小的惊讶也能带来惊喜，成为打破常规的契机，用不同的角度看待周遭的人事物，制造惊讶或惊喜也能发挥自己创造力。

第二阶段：轻冒险

发现自我效能高的群体，并融入其中。

是什么让有些人能够走出失败、并最终获得成功，而有些人却在挫折面前认了输？心理学家称之为"自我效能"(self-efficacy)。一些人具备的一种坚定不移的信念、相信自己具备取得成功的要素。"自我效能"由斯坦福大学心理学家阿尔伯特·班杜拉在20世纪70年代首次提出，目前已经成为教育界的一个关键理念，被广泛应用于医疗保健、管理、运动以及社会问题等领域。它同时也是"积极心理学"的主要特征。"积极心理学"的重点是发展性格中的优势，而不是减弱不良特质。（引自网络）

我们HR喜欢用自我效能这个词，也喜欢观察自我效能高的团队，他们长这个样子：不论是在家庭、学校或是公司，必定都有气氛愉快、思考积极的群体，在这样的环境里，自然会涌现出精力与干劲。他们开放，来者不拒；大声交谈，笑声不绝；想法积极，面对未来有明确的愿景；精力充沛，有行动力；不说别人的坏话或抱怨。

如何融入？

1. 时常到处走动，观察周遭的环境。

一个人坐在桌前沉思苦想，绝对无法找到正面积极的群体，不要局限自己所属的领域，要积极尝试参与自己有兴趣的领域。

2.刚置身于群体，不需要勉强参与对话，只是待在那个场合即可，仅仅是共有那个环境，也能逐渐熟悉与融入。

3.不与他人比较，维持自我风格，自然地表现自己就好。

4.发现共同话题、工作内容、研究主题、嗜好等等。

冒险，在某种意义上，应该说是一种实验，只要稍微改变一下心态，就能够在每天的生活中，拥有新的发现和体验，进而在读书或者工作上，刺激出必要的思考力与创造力。

the fourth day

| 第4天 |

你要无可替代

问渠那得清如许，为有源头活水来。

——朱 熹

总有人问我："我干某某工作 × × 年了，干的都是很基础的工作，代替性强……"

有一部分人，会觉得自己不够努力，一直在混日子到日子混不下去了，才发现努力非常重要，但也不知道怎么去努力。而另外一部分人呢，觉得自己特别努力，学了很多的知识，但是真的碰到了问题好像还是解决不了。

现在流行的说法：你假装在努力。

假装的努力是什么？是读到公众号推送的消息的时候，非常地激动，但让你说出这篇文章的中心意思，你表述不出来。

假装努力还是什么呢？是你去听了各种加工过的书籍的精读本后，当你捧着一本真正的书，却明显感觉到大脑运转速度变慢了，一本不太难的读物，已经有一点点觉得阅读和理解起来困难了。

假装努力，是你要求自己半个小时安静下来好好学习一点什么，或做一点什么，结果发现这30分钟当中，你有30次的冲动，让自己重新拿起手机！

假装努力，是你在阅读的时候变得非常浮躁，只想一目十行不停地往下拉屏幕，一字一句地好好地来读，变成遥不可及的过去。

假装努力，是我们产生了一种获得知识的错觉。而当我们真的要去运用这些的时候呢，发现无从下手。

这个时代的焦虑，很多的，是因为我们接受的信息量太大、太快，信息萃取反而给自己带来自我矛盾、自我冲突。这些矛盾和冲突又让我们更加焦虑。

不论你是后悔没努力，还是假装努力××年，现在都来得及真的努力一把。不需要钱，不是软广我的课程，只需要你投入到当前的工作和生活中，和我一样，看完这篇文章后，放下手机，让你高贵的、像素5个亿的眼睛，去一秒钟捕捉80张"照片"，去"拍下"更多的细节，就是一种努力。而这种努力，就能换来你的职场不可替代性！

并不是标题党，我们来论证。

职场为什么你就是不可替代的？

因为你能搞定问题，换个人搞不定。

为什么你能搞定？

因为你擅长解决疑难杂症。

为什么你擅长解决？

因为你对病灶有超出别人的观察。

为什么观察就能解决问题？

因为观察完，你还思考了。

为什么你思考，就能思考出解决方案？

因为你观察得特别仔细。

如果以上论证不能说服你，来，拉开抽屉，取出你的美容镜，用有放大功能的那一面照尊容，画左边的眉毛，再用普通的一面照着，画右边的眉毛。现在，请教身边3个直男，哪一边的更好看？超过半数会选左边。如果你不相信直男的审美，再请教身边3个女性同事，100% 会选左边。

当细节被放大时，当时间被放慢时，还是那支开架眉笔，还是你的残手，就能修饰出不一样的自然眉形。

解决其他问题，莫不如此。

如有美容镜厂商，请考虑和我合作。

1. 本世纪三大青年病之药

// · 拖延症 · //

10年前，我觉得自己是有拖延症的人，10年后，收到各种问题邮件，70%+ 会提到：我是一个拖延症患者。为了让如我般的拖延症患者舒服地面对艰难的人生，根据自己治疗过程，有以下建议。

治疗过程第一步：这就是天性！

我也曾经觉得自己是，但不觉得有什么不好，拖延就是人类的天性，如果现在的你，因为自己的拖延而自责或烦恼，建议先承认，这！就！是！天！性！

治疗过程第二步：你知不知道自己要做什么？

有时候，我们的拖延，只是不知道要做什么，或者知道要做什么，但潜意识觉得不重要，既然不重要，就拖拖喽，这！是！正！确！滴！

不重要的事，当然不值得用宝贵的时间做，但，这并不是拖延。

拖延，是知道什么重要，但不去做。

所以，10年前，当我觉得是拖延症时，我分析了：天啊，病情判断错误，我才不是拖延症，我只是在享受生活！比如什么都不做，就是发呆、看电影、听音乐、会朋友，这些都是我该做的事，我积极地做了。如果你觉得这些时间应该用来做更重要的事，我觉得吧，你的病，不是拖延症，是不会玩症。

如果是不会玩症，建议重新找到自己应该做的事，去让你的人生更精彩！

治疗过程第三步：明知要做就是不做？

如果一件活很难，其实不是你在拖延，而是你正在思考，使自己更妥善地去处理而已，比如，我最近收到的论文，有几份过期才交的，质量非常高，他们在思考，而不是拖延……

治疗过程第四步：耽误别人进度？因为启动晚而匆忙？精神疲惫？

亲爱你，如果有以上症状，那你是拖延症。前面的三步治疗，其实在排除，如果到了第四步，你真的有病。有病治病，不可怕也不可耻。

1.将你认为重要的事告诉周围指责你拖延的人，比如我，我会说，我就喜欢闲着什么都不干，所以，家务给别人去干，不是我拖延，只是家务真的不是我觉得重要的事。

2.某份学习资料，告诉自己，现在用不上，不挤占宝贵时间学，丢到我的百宝箱里，需要的时候搜出来再学，如果忘记了，就跟忘记在衣橱深处的衣服一样，不合时宜，不再需要。

3.写下你要做的10件事，进行重要性排序，树立自己的优先原则，然后从高到低一个个去做。比如我的优先原则：家人的事大过编辑的事，编辑大过下属，下属大过老板。这中间又结合截止日期，合理排排。

4.如果觉得自己学习拖延，如果你有10个想学的，只选1~3个。

5.工作中必须要做的事不在此列，所以，把一个月必须要做的事，分布在你的时刻表上，记得，不是必须要做的不要写，徒增烦恼。既然必须做，就去做，去做了，开始的厌倦会消失，前提是，你要在思想上根本性的转变：如果不能换工作，那就不要去评价你的工作，一点一点去啃完鸡肋，早晚得做，不如趁早做。

总结：大多数我们责备自己拖延，其实只是当时我们在做我们觉得更重要的事，或者我们在深入思考、筹划。这！是！对！滴！

如果你只是害怕打某个电话、和某人沟通，你不是拖延症，你只是交流恐惧症，不是一个病，药不同，下次开方子！

//·交流恐惧症·//

不知道你有没这样的困扰：一到发言或是当众说话时，就会感觉心跳加速，手发抖，虽然也看了一些当众演讲的书籍，但是一直没有实质性的改变。如何消除紧张感，从容地当众演讲？

大白兔77深深地觉得，自己是一个社交恐惧症患者。幸而，这个年头，不说自己有点什么心理疾病都不好意思，比如幽闭恐惧症、密集恐惧症、被长腿秒杀症……但，当我年轻的时候，这都是被鄙视的……一直没有人问：您为什么对心理学感兴趣呢？其实因为我以为我有病啊。

和许多人一样，我看过很多当众演讲的书，并没有实质性的改变。直到有一天，我找到了秘笈。因为工作关系，有很多当众说话的场合，当某些成了必须，而自己又不会，唯一的秘笈是：练习！道理我们都懂，就是过不好一生，也皆因：我们不去做啊！所以，相信我的秘笈吧。又一句话聊完话题！我也是要哭了。

首先，紧张不是坏事，不等于怯场，很可能是亢奋。

你的心跳加速、手发抖，都是肾上腺素飙升的表现，它飙升了，才能让呼吸加快，为身体提供大量氧气；它飙升了，才能让心跳和血液加速流动，为身体活动提供更多能量，使反应更快。

当众发言，是一种让人心生敬畏的责任，最伟大的演说家面临现场发挥，也不可避免地紧张。

其次，为了消除紧张，我们可能会在当众发言前——喝咖啡！这是错误的！喝咖啡会手抖！本人一贯用咖啡消除紧张，后果很惨烈！请一定听老人言：喝咖啡过急、过快、浓度过高、过频，会影响交感神经，产生类似于醉酒的效果，心跳加速，手抖。

再次，90% 的怯场，来自平时训练不够，只有10% 来自害怕。如果训练得不够，现场一个措辞，一个听众的撇嘴，都会让你心惊肉跳，被紧张打败，而如果训练得充分会怎么样？你要说的话变成你潜意识的一部分，不费力气脱口而出。

最后，练习的秘笈我无偿贡献出来，可谓20年经验的累积。虽然有点舍不得，但为了你的点赞、打赏、订阅，忍痛公开。培训与当众说话又有不同，故单独列出，加量不加价！

为当众说话系上安全带

1. 列出三个最重要的说话场合，比如对付领导、开会发言、演讲。

预计时间10分钟

2. 为三个场合写三段备用发言，比如领导表扬我时怎么应对；批评时；无感情色彩寒暄时。

预计时间20分钟 × 9段 =180分钟

3. 通勤途中，心里默默复习发言稿，练习3次。

预计时间5分钟 × 9段 × 3次 =135分钟

4. 找个朋友，对他说一次，害羞或找不到朋友，对着手机录下来，反复三次，直到自己满意。

预计时间5分钟 × 9段 × 3次 =135分钟

5. 当真实场景发生后，对比你实际发挥，做修改。

预计时间5分钟 × 9段 =45分钟

综上所述，花掉505分钟，约8.5小时，大部分当众说话的紧张都能消除！

扪心自问：我们以为我们在当众说话上花了很多时间，但还是无效，于是自认为毫无天赋，甚至有缺陷，比如我，以为自己有社交恐惧症，其实呢，但凡超过500分钟的练习，绝对有效果。其他任何学习都如此。

为培训系上安全带

第一阶段：为你的培训写出逐字稿

此阶段根据个人情况1~10次，一般人3次以后可以脱稿。我是二班的，做培训近15年，基本上还是逐字稿，每句话我都要打磨，希望从细微的差异中，改进自己的技艺。也不希望有一句废话，耽误大家时间。而我的现场发挥又会跟逐字稿不一样，会更出彩，类似于人资做工资在底稿的基础上生成了简洁的工资表。

假设你3次后可以脱稿，3次1小时培训逐字稿约3万字，按1000字／小时算，约30小时。

第二阶段：为你的培训列出提词大纲

模拟培训时的每个场景，为不同的场景设计台本。比如每一页PPT的关键词、开场白、结束语、转场用语、案例、备用案例、串场用词、小组讨论用词、组队时的用词等等。

这个应该是每次培训都必须要做的，一场没有准备的培训，你手抖不抖都讲不好。即使你以为你讲得很好，但学员吸收一定不好，因为你没有为他们定制。

综上所述，在脱离逐字稿之前，约30小时，培训能力大幅提升！

美国第一钢琴夫人，4岁起以音乐神童的身份演出，被称为莫扎特之后最杰出的音乐神童。她说：当我还是孩子的时候，我的父亲总对外宣称，他的天才女儿一天只练习2小时，但实际上，我每天必定练9小时的琴。

所以，如果某些重要的事，我们做得不够好，只是因为我们没有用到正确的练习方法且足够多地练习。

看到此，如果你还有疑问：但我就是懒得练啊。亲爱的，弗洛伊德同志说过：懒惰的根本原因，是害怕失败。

//·没有学习方法症·//

联合国教育课文组织的局长说：未来的文盲，不是不认识字的人，是没有学习方法的人。故，提问：你是文盲吗？我曾经是。

一本书20万字，你的速度是400字／分钟，读完要500分钟，一天1小时，要读一周！

如果速度是800字/分钟，读完约4小时，过渡性语言等扫读，非重点段落略读，估计两小时，所以呢，我能一天看完一本书。而阅读的速度是很容易训练出来的，今天说下我的学习方法之一：速读，很容易训练，也能短时间内训练有效，推荐给大家，不妨试试看。

第一阶段训练

1. 段落训练：练习阅读长句子或段落，找中心意思（动词前后就是中心意思）。

2. 文章训练：计时，强迫自己在短时间内看完一篇文章。

3. 理解训练：复述文章意思，提高理解力。

4. 强化：以上训练，做10次，速度翻番不是梦。

第二阶段训练

1. 我想从这篇文章/课程/培训/演讲中得到什么/解决什么问题？

2. 哪些对我有用？

3. 还能用在什么地方？

4. 我有类似的经历吗？

5. 训练10次以上，理解力翻番。

第三阶段训练

在第二阶段基础上，边读边追问自己：

1. 能不能想出新的点子？

2. 下一步我的行动是？

3. 训练10次以上，创意、行动力翻番。

本文500字，你用几分钟读完？还能更快吗？中心意思是什么？如果跟人复述你要怎么说？你有什么经验可以补充？现在开始训练，要不要试试看？

这只是一个例子，学习方法各人各法，你爱沉浸式精读也很好，不需要质疑自己的方法，那就是适合你的。

总结学习方法，初中语文教过：博学之，审问之，慎思之，明辨之，笃行之。15字真言，前面9个字我用以上文字衍生出具体可操作的细节，最后6个字，靠你自己判断我说得对不对，要不要实践了。

2. 如何成为超级网红

起这个标题只是为了耸动……

IP 是英语"Intellectual Property"的首字母缩写，直译为"知识产权"。我们现在说的 IP，指那些被广大受众所熟知的、可开发潜力巨大的文学和艺术作品。IP 的形式多种多样，既可以是一个完整的故事，也可以是一个概念、一个形象甚至一句话，可以应用于音乐、影视、游戏等多个领域。——《光明日报》

通俗地说，Papi 酱、宋仲基、太子妃、群管理员孙孙、小明、小 eyes……IP 自带流量、原创内容、独立的人格魅力，对，我最想说的是，独立的魅力。我们都可以成为网红，成为 IP，把你个人的魅力发挥到你能达到的极致。

工作中的问题，千差万别，你处理的流程也许和我一样，但细节一定不一样，想一想，最近发生的一件大事？怎么开始的，怎么发展的，怎么转折的，又怎么结束的？其中发生了什么变故，而这些对你有什么启发？在工作中学习，无非是经常性总结反思，总结什么？你独特的处理手法，反思什么？这件事能更便捷吗？能更快速吗？能获得更多支持吗？

而我们遇到问题，往往不相信自己能解决，首先想到的是，别人怎么做的？有经验的人怎么做？大公司怎么做？即使自己想到了办法，也觉得自己资历浅，这办法能成事吗？

举个例子，群里的小赵同志的公司老仓管成了老油条，怎么办？小赵想到两个办法，方法一激励油条成骨干，方法二，优胜劣汰，淘汰3人，招2个新血液，用5个人的钱养4个人，大家还都开心。晚上10点，小赵写报告，给老板谏言。写的过程中，他不确定选方法几，写到最后越来越清晰：老油条能成骨干，早就成了，用钱激励？效果不敢保证，老板也不一定愿意多花钱；方法二，用新人新貌换整个部门的新颜，老板没多花钱，员工口袋里好像还能多钱。

报告两千字，经修改，第一，调整报告结构：把结论放前面，老板没时间看思路；第二，把论证放中间，增加数据说明和举例；第三，简化语言，不多一字。

这样的故事，我们总遇到吧，如果是你，你会怎么做？

且不说小赵的手法采取了联想、华为等大公司都用的2个人干3个人的活，分2.5个人的钱的方法，小赵不一定知道别人在用，但不代表他不能想到这个方法。只是招聘仓库管理员，你会把这个活儿当个事，深夜还写报告吗？写着写着，你会发现，报告可优化吗？

小赵把他严谨、多思的风格在工作中发挥到极致，至少他成了我们群的网红。在小事中投入，发现大世界，成长就是这么回事，你不是小赵，你有你的个性，找到它，发扬它，祝你早日成为公司超级 IP!

tips: 给20~30岁的你们

喵的邮件：经历了 HR 部门32人的宫斗戏之后，我作为临时演员在4年后领了盒饭，而8年前，我还是销售。一句话说完我的前半生。现在是一家互联网公司 HR 主管，有很多迷茫也有很多知识上的匮乏，逻辑上的欠缺。但是我依然通过我的核心竞争力在努力地拼搏！

我已经过了这个年龄段，有点不知道怎么回复喵。于是翻查过往日记，看看我同年龄时遇到此类问题怎么想。

翻出一个自己写的能力提升要诀，大概是当年我觉得很重要的事，所以一个字一个字写下来，提醒自己时刻注意，我有这么个习惯，自建大脑运行系统，经常翻看，时间长了，就刻进脑子里，变成大脑发出指令的默认程序。

一共27条，分享给大家。

一、目标能力提升要诀

1.1 志存高远，不立大志，只会在家门口转，转不出得胜桥，想都想不到，一定做不到。

1.2 分解目标，从小目标开始行动，一天一块钱，一年就是365块，一块钱难吗？

1.3 趋势，趋势，看远一点，想远一点。

1.4 目标后面要有行动计划。

1.5 不辩称"公司的方针不明确，所以无法订立部门的方针"（不懂，不妨碍我做我的）。

1.6 系统化的生活和工作，提高效率，懒得更出色。

二、组织能力提升要诀

2.1 分配工作的时候，考虑伙伴们的能力、兴趣、特长。

2.2 掌握每个伙伴的优缺点。

2.3 心里不喜，也要积极地承担困难、烦琐工作。

2.4 不干涉过度（切记），让小伙伴难以发挥。

2.5 与其他部门纵横联营，并配合他们的脚步。

三、管理能力提升要诀

3.1 知识的海洋永无止境。

3.2 环境大于知识。

3.3 取舍大于环境。

3.4 当机则立断。

3.5 与别人谈判时情绪稳定，忌感情用事。

3.6 钻石恒久远，决定下来的事，就持续下去，才能磨成钻石。

四、培养人的能力提升要诀

4.1 能使他们发挥主动意识及工作欲望。

4.2 能正确地评价亲爱的小伙伴的能力及适应性，并引导正确的方向。

4.3 能正确地掌握每个伙伴的优缺点，并告知本人。

4.4 能利用刺激或更换工作的方法来消除职业倦怠症。

4.5 能明确公布应达成的目标，并使每个人皆能达成。

4.6 用实际工作培育人。

4.7 授权，授权，使小伙伴发挥能力。

4.8 不会雪藏优秀的下属，一有机会必将提拔下属。

4.9 再不爱说话，也要计划性地与小伙伴沟通。

4.10 慎重考虑批评小伙伴的场所及时机。

有人说，什么阿猫阿狗都投 HR 岗的简历，这个岗位门槛太低。嗯，我也是阿猫阿狗中的一员，阿猫阿狗大白兔成为 HRD 的可能性更大。

the fifth day

| 第5天 |

如何成为公司关键人物

在社交礼仪中，要避免虚情假意和过度恭维，但在有必要的场合，也不能对此完全忽略。

——埃默·托尔斯《上流法则》

朋友说，你做什么HR，这么会编故事……

不算年轻的时候，当然，也比现在年轻很多，有一家常常光顾的家庭咖啡店，某知名学府家属区，在此流连的自然都是大学生。大约女友觉得，混在学生群里容易让自己忽视韶华不在的事实，而我，觉得学生区的店便宜……

咖啡店本来是不卖酒的，女友去的次数多了，极度担忧小店微薄利润经营不下去，强烈建议卖酒，其实是自己要喝。

待这家小店备足了各色酒水，加起来一百岁的三个女人成了常客，很便宜，十块钱一盎司，老板，请来一打！

某次喝着Tequila[①]，小小的桌上，一溜12个小口杯，又是盐瓶，又是柠檬碟，显得阵势挺大的。

隔壁桌一对小情侣凑过来问，你们喝的什么？为什么又是舔盐又是嚼柠檬啊？

我随口瞎编：这是仙人掌酿的酒，就好像我们的爱情，初初接触，带刺的，伤人的，但你别怕受到伤害，经过沉淀，酿成酒，就变成醇厚的带着香味的动

---

① Tequila：龙舌兰酒。

人之物了。加盐，能让酒味更浓烈，就像爱情不仅仅带刺，还歇斯底里。加柠檬，你不觉得爱情中绝对少不了浓浓的酸意吗？

小姑娘，眼睛听直了，怔怔地抱怨小男朋友：你看，你就只会点那些甜甜的鸡尾酒。小男生尴尬地笑了笑。

最不喜欢让人家尴尬，于是我接着编：你们青春，你们的爱情里只有甜蜜，当然要喝甜酒啦，我们老了，五味俱全的烈酒是中年人才喝的。

还记得那个夏夜，晚风拂过，昏黄的灯光，摇曳的窗帘，映衬着小情侣听完后的对视一笑。

他们心满意足地回自己的座位，甜蜜地喝酒去了，朋友说，你做什么 HR 啊，这么会编故事，你该去说书……

我说，每个 HR，都很会编故事，讲故事只是我达到目的的手段。

在我们的职业生涯中，往往会一不留神就弄混了手段和目的，前面我讲过工作要投入，但有时候太投入，又容易忘记目的，沉溺于手段与工具不能自拔，下面我会分享我善用的手段，但请记得，那不是目的。

1. 你不再需要别的努力

//·如何成为公司关键人物？·//

如何成为公司关键人物？一句话：有一项特别突出的长处，就能让你成为公司关键人物，就能让公司离不开你。你可能和我一样，勤奋、有能力、本职工作非常擅长，但你仍然不是关键人物，为什么？你缺那么一点点和其他人比，特别突出的地方。

另一句话：不需要样样都突出，一个，足以。

我的前亚洲区老大，因为是懂法务的财务，从一群候选人中突显出来，做了大佬。我自己，不过是比其他 HR 稍微会写、会说而已。

如何找到自己的闪光点？自我评估是有偏差的，去问，问同事，问朋友，问爱人，问孩子，他们说的你的三个长处，再汇总下，排序，选一个，重点去加强。

如何加强闪光点？

1.请教这方面比你更强的人，从榜样哪里找方法。

2.采取行动，运用方法，坚持一个月，看到变化。

有人问，大白兔77同志，您不遗余力、不务正业地鼓励新人做各种尝试，你想干吗？拉帮结派？

NO 啊，仅仅因为我也年轻过，我也受过很多人帮助，如果现在我有一点点的力量，我能帮到别人，是件很快乐的事，另外，假以时日，他们成了大牛，我儿子以后的工作应该不用愁了吧，母亲的一点蠢念头，女人的一点短浅目光，所以，我成不了大事，请放心！

//·把细节变成解决方案·//

闺蜜聚会，其一对另一位说：这件衣服的扣子很美。我接着说：是啊，去年9月我们去吃螃蟹的时候，她就是穿的这件衣服，我就夸过了。

扣子很美的那位，惊恐地看着我："为什么每次见面我穿什么你都记得？是不是爱上了我？"

并没有，我只是像拍照一样，记录很多细节。

比如小横姐@我："我干 HR 五年了，可干的都是很基础的工作代替性强，自己又缺乏自我总结的能力。找工作成了难项，大公司进不去，小公司自己的年龄是问题，所以现在非常烦躁不安，缺乏自信！您比我懂得总结经验教训，我却是混日子，一旦日子混不下去才发觉要努力了。"

小横姐，一边自我批评，一边表扬77，颇具说话技巧。她表扬的善于总结经验教训，其实是基于对细节的观察，包括昨天安然问到的："自己更关注细节，缺乏系统思维。"我的回答也是基于对细节的观察与再加工，对细节的观察与再加工这个技能就能让自己具备不可替代性！正合了安然在乎细节的特点，何乐而不为呢？

一

留心周遭的种种细节，但自我意识不要太强。放轻松，享受工作、生活的氛围，以开放的心情活在当下，你会自然而然地融入所处的环境。"我置身一场会议，同事 A 穿着蓝色衬衣，同事 B 戴了红色发夹，同事 C 正在陈述，陈述的是上月任务达成。"稍后，当你伏案写会议纪要时，自然而然会记起和 C 的对答，看到她因紧张而握紧拳头、表述略有结巴，并且闻到她保温杯传来的咖啡香味。我们无需刻意去记忆，种种细节都会在脑海流转。这份会议纪要，你会写得很棒，同样，其他问题都可以先留心周遭细节。

二

如何激发出解决方案呢？凡是在你眼前的，不论是什么，记下来，都是一个好的开始。"员工觉得无发展前途？"记下来，这就是一个好的开始。然后走出去，绕着公司各部门转圈圈，把你看到的、想到的都记下来。我们的感官本身缺乏动力，它们接收到信息，接下来需要由我们的意识做信息加工。信息加工的方法：自问，自答。多问几个怎么办，少问为什么。

三

光是读有关运动的书减轻不了体重，得实际做运动才能减肥。去观察、去学习并不能真的解决问题，需要实践。以上方法用到工作、生活上，去试试看。

例1，细化你的工作，将你的工作拆解、加工形成自己的核心竞争力

工作内容	关键能力	自问	序号	自答
员工问政策，我解释	协调	还有哪些属于协调的	1	工商税务劳动等部门来检查，要接待，怎么接待，有没有标准流程？每次都提供什么样的资料，有没有模板存档
			2	员工提出加薪，要怎么处理
			3	员工集体离职要怎么办
录入数据	统计分析	怎么表达更好	1	能不能录一次，其他用到的自动生成（逻辑力得到训练）
			2	为什么领导要这个数据，意义在哪里（深度思考背后的理由）
			3	还可以进行说明分析（分析能力）
招人	人才寻访能力	顶级的人才寻访是怎么做到的呢	1	现有流程能不能更规范、更有效率
			2	话术能不能固定做成招聘话术手册
			3	招人过程中，到底是价值观重要，还是对方的情商重要，内部推荐好，还是外部推荐好，这些评估能不能固化，做成候选人评估手册

例2，将你遇到的问题，跟自己开个会，得出会议决议——要怎么做呢

跟自己开会会议纪要
一、一分钟热身（进入会议状态） 　　写三件最开心的事。 例：1.地铁上被小孩对着笑了。 　　2.买了新衣服。 　　3.瘦了一两。
二、一分钟破冰（消除参会者——你自己的抗拒感） 例：破冰游戏1：你最喜欢的一段话，读给自己听。 　　破冰游戏2：做一件自己最喜欢的事，比如扫地、浇花、喝茶、焚香。 　　破冰游戏3：拿出镜子，对着微笑，或拿出手机，美颜自拍。
三、正式会议开始，首先向自己汇报近况 　　不需要太深入的思考，随手写日记的感觉，愉快地进行。 例：1.今天是7月1日，一个月又开始了，报了夏令营，好紧张，之前也报过很多课，但总不能坚持，这一次会不会又没什么收获呢？ 　　2.我好弱哦，总是没有自信，要怎么办哦？ 　　3.怎么办，好多工作，做不完，要加班了，香菇。
四、透过汇报，整理思路，要怎么做呢

　　我觉得，并不是人人都想成为最伟大的 HR 或作家或什么家，但人人都有想把自己的故事讲给别人听的愿望，换一句话说，这是在碌碌一生中，对我们所见、所闻、所思、所感的一种记录与升华。认真工作、认真思考是让我们和自己相逢、相知、相守的绿道。

　　职场何其丰富，记下当前的种种真实细节，就是一种努力，甚至，你不再需要其他别的努力了。

2.职业发展终极目标

一个稳赚不赔的生意，有多少人在做投资理财？年化收益是多少？亏了还是赚了？如果我告诉你，有一个稳赚不赔的投资，你要参与吗？投资什么会不赔钱，只赚钱？聪明的你一定想到了——投资自己！

如何投资？积累一团好雪，找一个好斜坡。巴菲特说：人生就像滚雪球，最重要的是找到足够的雪和足够好的斜坡，一段好的斜坡，就是当你扔一个小小的雪团，雪团会自己越滚越大。

我一直鼓动朋友们找到并发挥自己的优势。有人问我，明明已经是自己的优势了，为什么还要加强？因为我们的优势不足够强啊，不足以让你成为这个领域的前20%，甚至前5%，不足以让你靠这个一辈子有饭吃，所以我们要加强啊。

那短板要不要补？天龙寺众僧面对鸠摩智的提议，用少林秘籍交换六脉神剑剑谱，露出垂涎之色时，枯木大师说：你，你中冲剑，练到几品，你，你少冲剑练到几品。众僧幡然醒悟：我们自己已经拥有足够好的了，我们花了半辈子，都没有练到极致，世界上好东西太多，哪能都拥有呢？于是拒绝了鸠摩智的提议。而鸠摩智同学，苦练各路武功，未等成为宗师，身体已经承受不了，散尽一身功力保命。

再看看我们的段誉同学，只会两招，最初只有一招：凌波微步，而这一招够用，因为他只需要跑路。待他有需要救人的需求时，学会了另一招，六脉神剑。这两招就是他的一小团雪，再得到伯父指点，终能收发自如了。

继续说段誉同学的斜坡，他也没主动找，遇到两个兄弟，一个乔峰，一个虚竹，三人抱团混得不错。

HR 的雪与坡

HR 伙伴雪老板问，HR 的职业发展终极目标是什么？我回答不上来，个人觉得，继续滚，坡好，雪好，滚到哪里是哪里，都能活得不错。

你可以发展为培训师，只要你专业领域够强，背光够耀眼；你可以发展成为咨询师，只要你专业领域够强，背光够耀眼；你可以发展成为企业合伙人，只要你专业领域够强，背光够耀眼……

无限可能，只要你专业领域够强，背光够耀眼。

专业领域，我们可以理解为自己的优势，那一团雪；背光我们可以理解为，不断强化的斜坡。我们总说，HR 的价值难以体现，专业度难以体现，一次讲师活动的参与，就能让你站在体现价值的斜坡上了。看到这里，有人要提问了，我们只想保住饭碗、长久地有饭吃，东家不打可以轻松找到西家打工，要怎么在工作中体现价值，让我总有饭吃、不愁饭吃呢？

工作中，HR 的价值如何体现？

有人说，HR 的价值体现在人力成本、人均利润的分析和控制上，是这样吗？

是，但我不认为是核心的价值，为什么？比成本分析你能比得过财务？而且，数据源头还需要财务提供，受控于人的任务，绝对会影响到你的发挥，我把人力、财务放到必知必会事项上。如果不会，你很容易被财务看低，那就还是会吧。

有人说，HR 的价值体现在人力资源配备上，是这样吗？绝对是啊，选、用、育、留绝对是我们的必杀技，只是看我们的段位在哪里。

尤里奇大师说人力资源管理已经转变为企业的利润中心，必须要具备以下价值：

1. 管理战略性人力资源；

2. 管理组织的结构；

3. 管理员工的贡献度；

4. 彻底脱离工具属性、成为外部性、战略性业务伙伴。

这么拗口难懂的话，我理解是，和业务比熟悉业务？比不过，但也必须要懂，否则被瞧不起，说不上话，怎么做？去了解公司运营的环境，去了解公司的商业模式、经营策略，理解公司的利益相关者之间的互动关系。

说了这么多，到底我们的价值要怎么体现？和业务比严谨、合规性管控，我们赢；和财务比灵活，我们赢；和其他高管比表述能力，我们赢；和老板比深知民心，我们赢；和其他 HR 比抓重点、解决问题能力，我们赢！于是我们赢了全世界，我们不愁饭吃了。

回到雪老板的提问，职业发展终极目标是什么？

1. 投资自己，攒一点雪团，只赚不赔。

2. 哪里是职业发展终点，我不知道，但去找斜坡、去滚很重要。

3. 滚石不生苔，你必须去滚，去不断行动，待着不动，雪球不会变大。

4. 坡不足够斜，向下作用力不足够大，你要学会找个人踢你屁股。

5. 如果找不到人踢，或者别人没义务天天踢，你要学会自驱自滚。

6. 能体现个人价值，就总有饭吃，而价值体现在于发挥个人优势，也在于聪明地找到平台优势。

你待的平台是你价值的体现

前一段时间，《离开平台，你什么都不是》这个话题很火，我不赞成，你待的平台就是你价值的体现。

有一个 A 开头的小熟人，从行业龙头公司专员顺利入职行业第三公司当经理了，小熟人诚惶诚恐，他们是看重我待过的平台，不是我的价值啊。错！这就是平台赋予你的价值，当然也是你自己的价值，你能在龙头公司混，自然有你的本事。

当我们的平台不是第一的时候呢？

每每问到小元：你们公司多少人啊，怎么总有层出不穷的问题？他总特别不好意思，支支吾吾，最终承认，我们公司40人……我想去200人的公司。但和他稍深入交流，该公司的业态何其复杂，复杂程度不亚于千人公司。所以，我可以负责任地说，这个平台不错，即使各部门天天怼，也能暴露更多管理问题，你成长得越快，学到的本事越多。

我会从行业龙头企业挖人，也会从行业最差的企业挖人。差，他看到的问题、发生在身边的真实故事越多，就是一部活的行业问题查询词典！

能进大公司固然好，但小公司也会是好的平台，也有优势可以挖掘。

tips: 相信自己的直觉

段子手说：金钱是手段，而不是目的，重要的不是金钱买来的东西，而是那些东西给你带来什么。同理，工作方法、技术、工具也仅仅是手段，你要思考它给你带来什么。不是为了追求手段而做，想清楚你的目的是什么，再来看我提供的手段是不是适用，不适用，还是那句话，请不要怀疑自己，无论是面对新工作，还是远大理想，或者任何困难的尝试，无论是什么让你感到迟疑、心虚、恐惧、选择困难，你能做的，都是相信自己的直觉，那是深植你心的，甚至没被你自己发现的人生目的。

the sixth day

| 第6天 |

7 倍速工作

艺术究竟要同时服侍两个主子，一方面要服务于较崇高的目的，一方面又要服务于闲散和轻浮的心情，艺术只能作为手段，本身不能就是目的。

——黑格尔《美学》

|本节导读|

10年前，我开始想过简单生活，10年后，家里的东西越来越多。有9个桌子，美其名曰，让自己随处可以写字。有放沙发边的，有放床边的，有放窗下的，有放床上的，有餐桌三张，其实我不怎么在餐桌上吃饭，家里人凑不齐。真的想写字的时候，没一个高度合适。我有7张书架，但地上，床底下，柜子顶上还是堆满了书，书架上，赫然放着各种化妆水、洗面奶。顺便数了下洗面奶，7、8支是有的，但，我只有一张脸。

于是，在今年，又一次痛下决心，至少一个月不让任何一件东西进家门，除了正常吃饭的材料。我想试试看，对于物，我能不能放下。

为什么会有那么多东西？我想，我总怕有不时之需，当不时之需到来时，想不费力气，让自己更舒适。比如，为了年会，准备了很多小礼服，然后，自己胖得一塌糊涂，准备衣服的速度总赶不上体重增长的速度。所以，首先，我要学会不备货，只想当下的需要。

还有万恶的零食，胖的根源，为什么我总在吃？是压力有多大？还是情绪有多不好？还是仅仅因为馋？爱人说：仅仅因为馋。听完泪流满面，这个标签毁了我的形象。

攒资料这个事，以前的章节已经说过了，早不攒了。甚至写的文章、讲的专业也不攒，都分享出来，不值得分享的就删除，相信自己总会有新的创意。在书的问题上，基本上读过变成自己的，可以考虑捐出去。

上网这个事，我给自己上了番茄钟，刷微信、QQ，每天两个番茄，这是我能互动的极限，毕竟还有更多现实的日子要花时间过。

工作，我反而是极简的，我的规则很简单：

1.待办，还没办完的文件放一个盒子，电子文件则直接放电脑桌面，已办完的归档，不再在桌面或电脑桌面出现，文件名称起好，直接能搜到，纸质的则分月或模块放，登记电子目录，搜出所在文件夹。

2.归位，合同发票手机钥匙等重要文件、物品有自己固定的位置，让他们就在那儿呆着，临时活动下，一定要归位。

3.清单，只要一件事不止做一次，就形成工作清单，大扫除清单、开会行程清单、最后离开办公室检查清单、面试流程清单、薪酬签批流程清单等等。

在思想的简洁上，我倒是一贯做得很好。这样的简洁已然给我带来了收获，为什么不推而广之到生活的其他方面呢？

据统计，一个现代商务人士，一年花在找东西上的时间是150小时，效率，先从不找东西开始，以不动脑子结束。

效率也同艺术，服务于两个主子，并且，仅仅是手段，想通这个问题，你会开始享受有效率的人生。

这是一个特别简单的道理，每个人的时间是一样的，你有效率地花，一块钱等于别人两块钱，一小时等于两小时，甚至更多。

1. 不再做吼妈

一、根据孩子的兴趣爱好来提供适当的帮助

如果孩子喜欢画画，但在数学方面有困难，就可以让他用画画的方式解决数学问题。

二、分解任务

比如要办小报，步骤：

（1）找资料；

（2）阅读并总结资料内容——找素材；

（3）写提纲；

（4）添加细节——扩写；

（5）初稿；

（6）修改。

三、做得慢的孩子考试方法

1. 拿到考卷时，快速浏览所有试题，这样能够有效地分配时间；

2. 从最简单的题目做起，千万不要在一道题上停留太长，尤其是在时间有限的情况下，或者做题慢的孩子，更要这样。或许，在试卷的后半部分就会找到一些信息，帮助你解决之前的问题；

3. 先做那些分值大的题；

4. 读题，务必仔细阅读整个题目，切忌想当然地推测问题的内容；

5. 找题目的关键词；

6. 字迹工整。

是不是好眼熟？考试方法怎么跟我们解决工作问题一样一样的啊，那些小学我们都会的技巧，现在为什么不敢用了？

四、辅导孩子如何挑选重要的功课

优先完成鼓励孩子将作业编号、做计划，然后才开始做作业。有些慢的孩子应该从内容不多也不难的题目开始，有些则先做难的。

五、注意力集中到底是什么意思？

"题目的哪一部分你懂了？""你能不能给我举个例子，你是在哪儿卡住了？为什么卡住了？""告诉我你觉得答案是什么？""你看看怎么才能做出来？"这样的问句，比说"你给我注意力集中"有效。

六、一次只能处理一件事情

在某权威调查机构针对管理人员的调查中，57%的人整天在5个以上的任务之间来回切换，25%的人同时执行的任务超过7个，还有10%的人同时执行10个或以上的任务。切换任务即意味着，需要停顿、再启动，切换得越频繁，你花在再启动上的时间越多，千万不要相信一心多用效率高！

七、睡个好觉

一项国外实验比较年轻人和退休老者的记忆力，在刚读完一份单词表后，年轻人记住的内容比老年人多25%，这很正常。然而让人倍感惊讶的是，睡了一夜以后，年轻人的表现比老年人好了50%。学者认为，老年人记忆功能衰退，很可能是因为深度睡眠质量降低，而不是记忆容量不足。

睡个好觉，提高智商，这么说不过分。

2. 工作混乱的根源是？

恋爱的时候，暧昧期仿佛是最美好的：猜忌，担心，忧郁，玛丽苏，于是乎，酸甜苦辣咸俱全，美得一塌糊涂。但工作中，任何苏的指令，都是混乱的根源。

当你的领导说"这个工作你们务必早点做完。"在这句话中，"早点"就非常苏，多早叫早呢？当你连夜通宵做完，他说："我真的没有让你加班干啊。"或者你三天后交，他又说："让你早点，你怎么今天才交。"你砸他们家玻璃的心都有，可领导真的只是让你们早点交……

你对同事说："麻烦你统计这个月的出勤情况。"同事交给你一堆迟到名单，你不满意，你要的是每个人的出勤天数，于是他又交给你每个人的出勤天数，你仍然不满意，你要的是换算成小时数、分部门统计的出勤表。我猜，同事一定在暗骂：你是在刁难他，可你真的只是要一份出勤表啊。

因为自恋，我们以为对方应该懂、必须懂，于是表达暧昧，永远不用清晰词汇，仿佛一旦用上明确、具体的词句，就降低了主角光环。

此处，也检讨自己，在文字表达上，尽管一再提醒自己，也往往稍有不慎就用上些理论、新名词，其实就是一颗装什么的心，蠢蠢欲动，真的是蠢蠢。

职场不苏的表达应该怎样？当你下达指令的时候，记得检查时间、地点、人物、事件、怎么做，这几个关键词都有，一定就是具体清晰的指令了。如果你的领导或同事，传达的信息要素缺失，请你务必咨询：您说的早点，具体是什么时候呢？

同理，你在教训儿子"你用心点。"用心，同样是个抽象的词，不如换成"做作业的时候不要听歌""做语文的时候不要想数学""读题的时候划出关键词"等等。

苏，在儿子少不更事的解析中，还有完美的意思，如果你幻想自己是完美的、无所不能的、或者集三千宠爱与一身的，这坑更坑人。

这一点，我们都深有体会吧，那些老板们……好多玛丽苏、汤姆苏，一周让你全面铺开绩效考核，也不管基础薪酬问题都没解决；又或者让你3个月成立一家新公司，证照人员配齐，然后，2个月后让你去关门、裁员；再或者，强势以为应聘者都会爱他……

大领导挖的坑，你不得不跳，此处就不多言了。但自己可别给自己挖这样的坑，审时度势，量力而行，不看低自己，亦不看高自己。如三茅著名的小文子说的：能消化多少，接多少活，打肿脸充胖子的时代已经过时了，让充胖子的人去充吧，总有一天，会被架在秤上……

3. 不自律，怎么办

你和我一样，不是特别自律的人吧，周一和周五或者长假之前，工作没啥劲头吧，这是正常的。异常自律是种很可怕的心理，俗称强迫症，强迫在五点起床，强迫天天向上，强迫点滴时间都是点滴金钱，眼见时间流逝，就像被小偷掏了钱包。

如果你和我一样，并不是自律的人，没有关系，我们可以用其他方法让自己也能活得不错。

一、上班干活不出错

被领导嚼，心情不美丽，怎么才能不被即将到来的假期影响、内心波澜不兴地干活呢？

诀窍1：顺应影响。

你去反抗没有用，记得有个著名的猩猩实验，让参与实验者不要看画面中的猩猩，尽量注意力集中在正式内容上。结果呢，被提醒不要看的，都看了；不被提醒的，反而不怎么会去特意看。

人的心理就是这么奇怪，越怕错，越会错，越提醒自己不要错，结果错更多。你抱着"大不了错了改"轻松上阵，反而很少错。

诀窍2：顺应领导。

没错，最后关头，能顺他就顺他吧。这个时间点，他也惶惶不可终日了，面对一个情绪波动的人，你要比他冷静。顺他不代表全盘接受，还是可以谈条件滴，比如时间上能不能有宽裕？资源上能不能多给点？能不能先尝试，如有问题再确认是否继续？

你们可知，每天的年终核算，大领导翻手为云覆手为雨，一周五变，几千人的核算，天天不重样。我忍，就当技巧训练以及不同维度的思维训练，为了平安过年，我当仁不让担纲忍者神龟这一重要角色。

诀窍3：安抚同事

你盼假期，他们就不盼吗？为了避免分心同事的失误给你带来麻烦，先帮他们专注。部门内部，任何指令都要简单，一听都懂、就能做，给模板最有效。协同部门的问题同样也会影响你，所以，他们的专注你也责无旁贷。

为什么长假之前公司总要号召大扫除？除了环境卫生，我觉得有移情的功能。把对假期的关注，转移到对当下的关注并同时做减法——减少干扰。不需要一个下午同心同德，只需要年前的半个月，每天十分钟"简化"。

二、为了长假过后头一周能偷懒，现在开始储备

通常，过完节后的1~2周，什么都不想干，能混则混，但很多公司并不好混。为了以后舒服，不如现在提前准备，套用江湖术语，出来混的，迟早是要还的。

比如春节后，一定是离职高峰，除了年终奖分期发这么个不够光明磊落、但很有效的被动招数，还可以有主动招数：现在多走动办公，找员工聊心事，多少能稳定人心，或了解动态，或做点招聘职位便携广告，电子的实体的都行，拜托亲朋好友聚会时帮传播。

或按照2017年的工作总结，查漏补缺。该清理的合同清理，该整理的文件整理。查漏补缺的过程，次年工作方向和重点会更清晰，如果有余力，现在把第一季度工作需要的数据或草案准备一下，即使不准备，做沉思状，深究去年活没干好的真实原因，也能帮你离答案越来越近。

三、忙活之余，准备如何休息

某国外调查机构数据：2310个样本中，休假更多的人工作速度更快、更关注质量、更有紧迫感。结论：休息能让你更有效率。

我们 HR 是脑力工作者，脑力工作者的休息绝对不应该是睡觉、越睡越累的体验，我想我们都有过，动一动，应该是更适合我们的休息方式。

可能，有些人还有长假学习计划，跟赚钱一样，"自我成长"永无止境，而互联网时代，随手可得的学习渠道，让很多人陷入"学习恐慌"，这个词是一个小朋友告诉我的，他恐慌着，生怕落后，明知嗑药成长，也不停止学习的脚步。请问，吸收了多少？转化了多少？不如趁休息时间，做一下"磁盘碎片整理"。

除了以上所述，最可以做的事：在众多任务中，选择让你怦然心动的、最兴奋的、迫不及待的任务重点去做！毕竟，我们要在有趣中让自己燃起来。

4. 如果你有5分钟，你会做什么

朋友快快说，苦等我的公众号更新，完全 get 不到我的点，皆因为没有点啊。尝试过规定自己什么时候更，当变成"一定要做的事"，我会写得矫情。一个唱歌的节目，一个讨厌的导师问：如果你有5分钟，你会做什么？莫名讨厌这个人，对不起他的粉丝了，真心觉得够作，但他这句话问得不错。

现在问你们啊：如果你有5分钟，你会做什么？可能吧，我猜吧，很多人，并没有想过这个问题。5分钟？能做什么？去趟卫生间都不够……

如果是个职场妈妈，她的回答会不一样，她会说：1. 消毒奶瓶；2. 给宝宝讲一个故事；3. 看5页专业书；4. 读一首诗；5. 听一首歌；6. 回复一封邮件；7. 和自己聊个天；8. 把红豆薏仁泡起来；9. 给闺蜜打个电话；10. 为花换个水；11. 做明天的工作计划……

职场妈妈的时间，是用分钟计算的。

我的5分钟，最常做的是整理自己乱糟糟的情绪和纷繁的问题。

我会花1分钟写下我现在的困惑，如果当时困惑很多，可能5分钟，都在写烦恼的事。但只有5分钟哦，所以，只够写下来，不够去深究。但，妈妈们应该知道，如果是做馒头，这就是发酵时间，让问题自然躺在纸上，自然发酵，你不用刻意再去想它，放下了，就放下了。

我会让在微信、QQ上提问的人给我发邮件？我猜，当他写下邮件的时刻，就已经变轻松？写出你的烦恼，烦恼会自动解决，是不是很奇妙？

再一个空闲下来的5分钟，我会问自己：怎么才能变好呢？比如，我能不能不要总在担忧呢？岗位价值评估怎么才能500字就让大家懂呢？怎么才能随心所欲地更新公众号，而不刻意为之？

下一个5分钟，我继续问自己：要怎么做才能达到上一个5分钟提到的呢？

再下一个5分钟，就其中一个问题，我想到的点子和行动步骤，继续写下来。

当我们连20分钟的时间都没有的时候，我们缝合零碎的5分钟，自己帮自己解决难题。

再问你啊，如果你有5分钟，你会做什么？

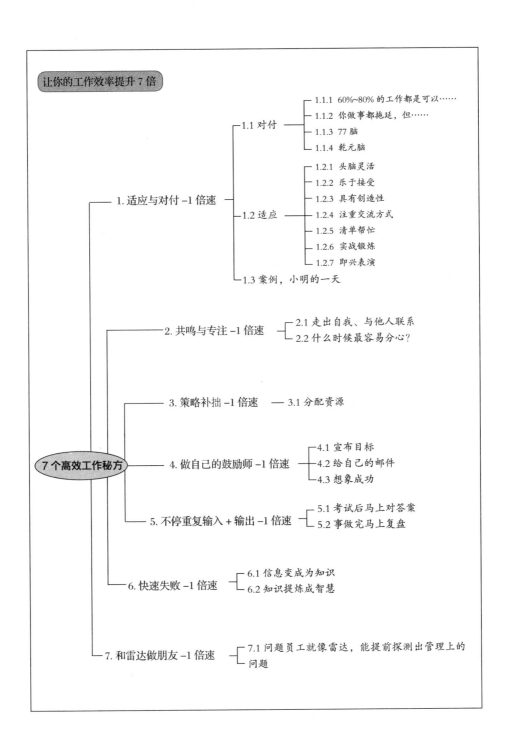

让你的工作效率提升7倍

- 1. 适应与对付 –1 倍速
  - 1.1 对付
    - 1.1.1 60%~80% 的工作都是可以……
    - 1.1.2 你做事都拖延，但……
    - 1.1.3 77 脑
    - 1.1.4 乾元脑
  - 1.2 适应
    - 1.2.1 头脑灵活
    - 1.2.2 乐于接受
    - 1.2.3 具有创造性
    - 1.2.4 注重交流方式
    - 1.2.5 清单帮忙
    - 1.2.6 实战锻炼
    - 1.2.7 即兴表演
  - 1.3 案例，小明的一天

7 个高效工作秘方

- 2. 共鸣与专注 –1 倍速
  - 2.1 走出自我、与他人联系
  - 2.2 什么时候最容易分心？

- 3. 策略补拙 –1 倍速 —— 3.1 分配资源

- 4. 做自己的鼓励师 –1 倍速
  - 4.1 宣布目标
  - 4.2 给自己的邮件
  - 4.3 想象成功

- 5. 不停重复输入 + 输出 –1 倍速
  - 5.1 考试后马上对答案
  - 5.2 事做完马上复盘

- 6. 快速失败 –1 倍速
  - 6.1 信息变成为知识
  - 6.2 知识提炼成智慧

- 7. 和雷达做朋友 –1 倍速
  - 7.1 问题员工就像雷达，能提前探测出管理上的问题

tips: 7倍速工作小抄

我们的工作提高7倍是完全可以的，简单地说，一天可以当一周用，现在我把我的经验分享给大家。

1倍速：我们学会对付。

工作中必然有些可以对付的工作任务，并不是让你8小时全部殚精竭力，一些事对付了，必然有更多精力深耕另一些更值得做的事。例子我就不好举了，大家自行揣摩。对付的意思是，这件事不出错就可以了，没必要做得惊为天人。

2倍速：深度工作。

给大家一个小贴士，你完整地记录下来你每天、每小时都在做什么，会发现有好多时间都是给浪费掉的。你一天当中，可以全部用到的深度工作时间4小时，不可能再多。

刚刚看到这里，你会觉得怎么可能？我每天工作12小时都不止。然而当你真的去记录，会有让你很丧气的结果呈现。

怎么去增加自己的这种专注工作能力呢？网上有很多的谏言比如说，关掉网络，远离社交媒体，给自己一个独处的空间等等。然后，这些谏言我们是从网上看的，社交媒体上看到的，此处微笑脸。

我的经验是，开始深度工作前，学习异同，给自己一个预热的时间。在一件重要的事情开始之前，花上三五分钟，最多半小时，把琐碎的杂事先处理掉，同时列出后续工作的时间安排、资料准备、心态准备、体力准备，比如吃块巧克力，让自己心无旁骛、能量爆棚地进入到深度工作的状态。

而这个三五分钟的时间，你可以叫启动时间也可以叫仪式时间，给自己一点仪式感，也可以对自己说一句导语，比如，我要好好工作了哦，开始你的正式工作时间。

深度工作结束之后也有一个结束的仪式。花三五分钟回复刚刚的工作，做简单的小结，表扬一下自己。

这个经验不是我独有的，运动员比赛都这样。

3倍速：合理的分配资源。

选择在我们最擅长的领域去发挥，那么工作业绩绝对会更好。有人可能要说，我就是打杂员，没有权利选择工作任务，但你不是还有权分配你的时间流向哪个任务吗？

4倍速：做自己的鼓励师。

在我们羡慕别人家公司有程序员鼓励师的时候，大可以给自己也配一个。我们的悲观情绪，我们的负面情绪都会影响到效率，适当时候自己给自己打点鸡血或灌碗鸡汤。方法可以但不限于：胡歌屏保、杨洋壁纸、大白兔77的公众号等等。

5倍速：重复的输入输出。

输入输出也是热词，其实遗忘曲线早就说了，反复复习，有助于记忆。就好像我们做完一件事情之后马上复盘，也许这一次复盘只需要三五分钟，但如果你在一个月以后再去回忆这个事情，可能就要花上一个小时，还记不全。

6倍速：快速试错。

一旦我们发现这个事情做错了，掉头一定要快，不要再增加任何沉没成本，脱身要早。就好像我们写年终报告，最初准备用数据说话，老师是这么教的，但发现实际情况是，这一年也没做出多少业绩，绝对值数据都不好看，你强行挖掘48小时也不能够有。则迅速转变报告走向，改用重大项目参与程度、员工满意度、去年同期（不是自己任期时）比较等相对值数据说事。

7倍速：和雷达去做朋友。

这里的雷达，在工作当中可以是问题员工。不要嫌弃问题员工，他们能够提前探测出来管理当中的问题。雷达，还可以是头脑灵活的小年轻，经验尚缺，但脑子活络，新工具、新思维往往他们能帮你先探测到。此处记得不要居功，把功劳给他们，我们不缺这一点加持。

又，此处感谢我的雷达朋友小元，意见他最多，新工具也推荐了不少，堪称完美双雷达。

the seventh day

| 第7天 |

知识体系搭建

象棋学习者必须先要专心学习基础知识，然后有望获取高级技能，他会学习残局、中局、开局的种种原则，刚开始他会同时考虑一两个关键性主题，但慢慢地，直觉会学着把更多的原理结合起来，融入自己的潜意识。实力强劲的象棋手很少会谈起基本原理，但这些却是他们精湛技艺的基石。

——电影《王者之旅》

　　要说我无所不能，那是废话！当然有很多不能，但我一点都不汗颜。很多行业我没有涉足过，法条并不会背，本地社保、公积金最新流程，有几年没亲自办过了，其实不知道。我不会很多，但我知道如何迅雷不及掩耳盗铃之势上手，这就足以对付工作了。

　　我会的也算多：大多数行业 HR 工作具体流程和实操、迅速判断问题、解决问题、和老板愉快地聊天、最前沿的企业管理、人力资源管理新知、新理念、新方法、新工具、如何带领团队作业、如何和不好相处的将就着相处、如何协调其他部门工作等等。

　　我还会：清晰地知道自己的未来，包括职业的未来、预测公司发展需要的人力配置、建立企业文化绿洲、用最低成本达到最佳培训效果、玩转调薪、组建有竞争力的团队、成为优秀的人力资源部门等等。

　　知识体系是热词，被小朋友们问得次数多了，我想用一句话说清：知识体系是把你已经有的知识进行分解，搭建出脉络来，就知道还缺什么，新东西进来也能迅速安放到合适的位置去，甚至你不知道的很多，也没关系，你对已有知识的吸收、运用、遗忘会变成属于你的处事手法、原理。

知识体系，就这么简单！

1. 人力资源9大模块，你最爱啥

人力资源管理现在跟程序员一样，也是个操作工种了，下面是9大人力资源模块，总有一款适合你，某一个模块做精做专，就是专家或经理。

人力资源9大模块：人力资源战略与规划、人力资源组织设计与工作分析、招聘管理、薪酬与福利、绩效管理、员工发展与培训、企业文化、员工关系、人力资源信息系统。

大家又说了，咱们都是小公司，没那么多模块之分，啥都要做。通才，也有通才的成长之道，十项全能是不可能的，选公司最需要的，自己也喜欢的2~3个重点发展自己这方面的能力。

比如说招聘管理、薪酬与福利、员工关系这三个基本上什么规模的公司都需要。

招聘管理可以深入做到：招聘需求分析、工作分析和胜任能力分析，招聘程序和策略、招聘渠道分析与选择、招聘实施、特殊政策与应变方案、离职面谈、降低员工流失的措施。一周你研究透一个方面，两个月也成了专才。

薪酬与福利可以研究：岗位评价与薪酬等级、薪酬调查、薪酬计划、薪酬结构、薪酬制度的制定、薪酬制度的调整、人工成本核算、福利保险管理、企业福利项目的设计、企业补充养老保险和补充医疗保险的设计。再花两个月，你又研读透了薪酬福利。

员工关系，你一周看懂一个法：《就业法》《劳动法》《劳动合同法》、职业安全、工会管理条例，再学学劳资谈判技巧，也就两个月。

不过半年，你俨然成了出口成章的半个"专家"，再把所学的在工作中运用半年，1年时间拥有经理"内涵"不是梦想。

也有人问，事务性工作怎么做好？上面列出的都涉及最基础的工作，你做得比别人快、错得比别人少，不就是你的核心竞争力了吗？

与其去茫然未来、去猜领导的喜好，不如埋下头来做自己，出类拔萃并没有什么诀窍，勤学苦练，无他。

《你远比想象中强大》这是一本讲心智训练的书，但我觉得也是职业规划的书，书中写道：你能做到的，远比你认为的多得多，只要你真的想要，你就一定能做到，你只要先弄清楚，自己到底想要什么。

是啊，你自己到底想要什么？

2.100小时学会人力资源管理

此处"学会"指书本学习，考证专用，非实操。

通读、精读、做题我不多言，重点说说如何做笔记，比如第三章培训与开发，首先，讲到培训与开发的定义是：组织通过学习、训导的手段，提高员工的工作能力、知识水平和潜能发挥，最大限度地使员工的个人素质与工作需求相匹配，进而提高员工现在和将来的工作绩效。

我们可以用几个字做关键词，帮助记忆：学、提、匹配、绩效。

接着，教材讲到培训与开发的目的：1.提高工作绩效水平；2.增强组织、个人的应变和适应能力（组织学习）；3.提高和增强组织企业员工对组织的认同和归属。

同理，我们可以用几个字做关键词，帮助记忆：绩效、应变、归属。

比如培训需求分析，通读一遍，不用背，找一份完整的培训需求分析报告，看看有哪些内容，如何撰写，还可以模拟写一份，基本上，考试如考到（几率为100% 考到），你回忆你做过的报告，就能答出题。

我不再一一举例了，静下心，结合工作中的内容看教材，真题上你觉得答案匪夷所思的，不要纠结（特别是法律和职业道德），背下来。

有些道理一定要懂，有些，则真的不需要懂，祝顺利过关。

公众号 dbt77，有详细视频解析。

3. 知识体系建立

7姐，我最近有个想法，想把几年的工作，做个梳理和总结。但是又有点无从下手，不知从哪里开始……怎么做……希望能给下思路和方法，谢谢。

好想法！我最爱做总结，没人要求，我也习惯自我总结。你猜对啦！我就是蓝色性格。蓝色性格的可借鉴我的方法：

Ps: 蓝色性格，强调制度，程序，规范，细节和流程，做事之前首先计划，且严格地按照计划去执行，喜欢探究及根据事实行事，喜欢用表格、数字的管理来验证效果，最容易得抑郁症……

一、平时有工作日志，从日志中提炼出重大事件、重要项目、日常工作取得的成绩。

我的工作日志，给自己看的部分，都是流水账，但流水账中还是有数据和思考的，这些就成为日后总结的数据支持。如果需要提交，在流水账上修改下措辞，专业点，简练点。

通常，我的日志形式是甘特图，月初列出大致事项，临时、意外，添加在后面。每周回顾进度，时间紧迫的，比如招聘，会每天回顾进度，总结经验是什么，教训是什么。做表大约半小时，每天回顾大约10分钟，一个月花在计划、总结上的时间真心不多，没大家想象的：怎么可能事无巨细记下来，那要花去多少时间。磨刀是不误砍柴工的。

工作事项（具体内容）	完成情况	完成情况	第一周	第二周	第三周	第四周
学习集团相关制度、流程、熟悉管理中心人员（责任人：××。执行人：××。）	重点记得、档案看过	●				
重点岗位招聘需求确认及招募（责任人：××。执行人：××。）	招聘计划表	●	批准	执行		
拟定9~10月培训计划并报批执行（责任人：赵颖。执行人：赵颖。）	培训执行表	●	批准	执行		
拟定9~10月员工活动及员工访谈计划并报批执行（责任人：××。执行人：××。）	访谈系列附件	●	批准	执行		
年终奖相关工作、年会相关工作、搬家相关衔接（考勤机、录指纹、文件资料封籍等）三件大事，单独立项跟进	立项	○	立项	并继续跟进		
考勤、工资核算、员工述职书的收集整理、汇总研发部、产品部、运营部、营销部的周工作考评表。及月度汇总、月度在职人员情况汇总汇报、社保台账的核定、人力资源部门费用及成本核算、入职、转正、离职手续办理、劳动合同签订（责任人：赵颖。执行人：××。）	准时、准确	○				
离职人员补聘、缺岗人员招募责任人：（××。执行人：××。）	保质、保量	○				

二、整理工作事项、完成标准

没有记工作日志的习惯，不如现在开始回顾，把之前工作按月度回忆，按照人资工作的特点，每月可能都有不同的重点任务，放进"工作事项"列，再根据事项，把当时做过的表单、附件整理出来，放进"完成情况"栏。通常，一年的工作整理完，能代表全部的人资工作了，有意外事件（清退人、开分公司等）补录进去。

三、核查当年的"完成情况"，思考几个问题

重点来了，核查当年的"完成情况"，思考几个问题：现在有更好的方法了吗？当时的经验是什么？教训是什么？一项项核对。

四、重点任务进行更细致的复盘

对于特别重要的，不知道怎么判断重要？你印象特别深的，或者被表扬过的，或者被批评过的，都重要！进行单独项目的复盘。不会复盘？请乾元来上一课——人资工作如何复盘。

你不是蓝色？你是紫色？你是彩色？我也采访了一下我的朋友们，他们的经验是：

网站编辑先生：让你的朋友来录课，录课能梳理自己的知识体系，查漏补缺。

他说得对，不是骗人去上课的，有一句名言，谁说的我又忘了：想学，所以教。这句话同样可以用于：想整理知识体系，所以教会别人。

出版社编辑先生：让他搜一本专业书，不用买，如果是我们出版社的就买吧，复制目录，对着目录去整理，自己针对这个内容，有哪些想说的经验？

比如下面关于员工选择细分内容，你都做过什么？完成情况如何？有例子供别人参考吗？

他说得也对，书籍已经帮我们搭好架子，你先按自己的内容填充，再查漏补缺，形成自己的体系。

超帅的小哥哥：亲爱的美女77，我不知道应该过怎么样的生活，所以我到处看书、学习以及挑战自己的极限。

工作上我对自己非常苛刻，完美主义的我每一次任务都力求更完美，而直到自己不能再改。为了追求完美，我会把所有我自己做的事情，在脑子里制定流程图，已经定下来的东西整理归档（此处略去五千字）。

把所做的每一件事画成流程图，他说的也是一种方法！

tips: 知识体系的用途

本节我举的是人资例子，但任何领域我觉得都适用。

最近结识了一个医生朋友，我们夸她：医生兼具心灵手巧，能做医生的人，就能做任何事。她谦虚地说：77姐，我们只是会读书，你说，读书学习是不是最简单的事。顺便把77也归到很会学习类，看来优秀医生也兼具社交才华。

其实，我觉得医生厉害，不仅仅是因为会学习、考试，更在于非常多的临床经验累积出来的应变能力，知识体系的作用才能极致发挥。

电影《萨利机长》，飞鸟撞击后，机长在6分钟内做出了迫降哈德逊河的决定，避免飞机降落在人口稠密的邻近区域。他迅速做出判断：由于飞机飞得太慢、太低，情况迅速恶化，按指挥塔提供的标准作业流程，返航或前往邻近机场都不可行。

事故后，萨利机长甚至接受调查：模拟飞行得出返航是更好的选择，为什么不按照标准危机流程做？知识告诉他们，返航是最优方案，而经验告诉机长，只有跳河才能救命。

机长也不知道自己为什么有这样的结论，一度他也怀疑自己，最后的结论是，受到惊吓时发呆的两秒已经让飞机失去返航最佳时机，是人，就会有情绪反应，这两秒，标准作业流程忽视了。

我们的现实工作中，有非常多的"两秒"，所以，才有尽信书不如无书一说吧，书是用来活用的，它预测不了全部的情景。

在我的理解中，知识和经验是截然不同的，一个人可以很有知识，但不一定很有经验，一个人很有经验，一定很有知识，换句话说，我觉得经验是经过实践的知识，是知识的更高级别。当然，我也预测到此处有反驳声，知识是什么，这是一个哲学话题，我保留我的观点。

年轻朋友们热议"知识体系"，在我年轻的那个时代并没有如此热议，我想是现如今的人们，被碎片了。五花八门的新知识太多了，而时间太少了，所以更迫切地需要一个有结构的、整体的、有一定秩序的知识体系网住自己，从而自己能网住人生。

这个出发点是极好的，而后，希望再想深一点，我的知识体系用途是什么？要建立哪种门类的知识体系？如何把知识变成经验？如何把经验固化、升级变成招数？

想清楚这4个问题，我觉得如何建立知识体系就变得容易了，无非是：梳理已有的知识，先搭出架子；补充新知识完善体系，其中切忌变成收集知识的花栗鼠；时不时更新、与时俱进。而你的知识体系在逐渐完善的过程中，不再是单一学科、单一门类，网与网之间产生了互联，人类是复杂的，人类的思维是复杂的，思维的衍生物，知识体系也应该是多维的。不满足于在单一领域知道很多，才能跟得上时代发展的步伐。

当然，建一张大网，先从织一张小网开始。先把自己正在做的工作的相关知识，包括现在正在使用的，预测未来将会用到的，给理出来，再加之工作以外的兴趣类知识，你的这张知识网就算初具规模了。

再次强调，这个过程不要变成花栗鼠，知识不是用来整理的，是用来用的。类似学生时代的错题本，不是用来集齐错题的，而是避免再犯错的，如果我有其他方法让自己不再犯同样的错，没有错题本也没关系。

浩如烟海的知识，也并非要全盘掌握，我们不要把脑子当硬盘，知道哪里能找到就行，类似你有好多个云盘，随时调用。

知识也只有用起来才能变成经验，在职场低阶时，应用场景并没有那么多：

方法一：把你学到的知识，口语化地转述给他人，转述的过程就是思维再加工。

方法二：学习别人，工作时代和学生时代最大的区别是，在学习中是有实验室的，是允许你犯错的，而犯这些错误的成本会很低，你有尝试的机会，你有积累经验的机会，但是在工作中却不可能给你大量的学习的机会，我们每个人的生命有限，阅历有限，不可能去体验每一种生活，了解更多的未知的世界，让自己的生活更加开阔。在工作中也是一样，我们不可能把每一件事情都经历到，这个时候别人的经验就是我们最好的资源库，平时多观察身边的人是怎样工作的，遇到问题的时候多请教。

方法三：沙盘演练。把自己要做的事情做成方案，不一定有领导要求你做成方案，但你要学会做事情之前把整个的场景进行预演，可能遇到的问题，每个环节的细节等等，在预演中都可以发现，然后进行改进修正，当然这种情况最好的做法是求助身边的人，把你的方案讲一遍，看看大家的意见和建议，然后再根据自己的思考进行修正。

《清单的革命》是我很喜欢的一本书，大量案例讲述国外医疗改革采用清单标准化，书中表述到：现代社会的复杂性已经超过人力所能控制的范围，任何一个需要从业人员掌握大量知识的领域都难逃厄运，要挽救一个患者的生命，需要数十位医护人员正确实施数千个治疗步骤，或许我们犯错，是因为没有掌握有关的知识，或许，我们犯错，不是因为没有掌握相关知识，而是没有正确使用这些知识。

一句话结束本周内容

/

最后，以伊藤穰一的话结束本周内容：本质上，我们在寻找那些重塑我们思维的方式，通过影响自身进而影响世界。

第二周
The second week
人际关系

the eighth day

| 第8天 |

建立沟通

没有谁的耳朵真的不能、不够拿来听巴赫。只是耳朵要勤劳、要充分使用，才能听见巴赫。

——杨照

某 HR 社群，每天一点名，强制要求向我提问，该活动被群里的小柒冠名为"苍天绕过谁"，社群里全都是 HR，资深资浅都有，女性居多。我以为会提专业相关的问题，但收到的大量提问中，人际关系占70%+。

群友们分析原因：知识是书上能查到的，搜索能搜到的，加自己的理解，就能解决大部分专业问题，而人际关系是动态的、变化的，牵一发动全身的，问书问己都不能解决，就只能问人了。

我个人猜想，可能和女性身份有关，女性更在乎和谐关系、情感交流。

然而，又陆续收到小男孩的提问，比如长期为同事带早餐，被认为理所当然，要怎么破解；老板想我接手培训工作，但我更喜欢运营，要不要接；我比部门同事都年轻，要怎么服众……原来小男孩也会因为社交经验有限而受困于人际交流问题。

群友君君问：姐姐，你是不是特别喜欢和人说话。我回答，我才没有呢，我更喜欢独处，和人打交道是被迫的，是工作需要。随后，我再认真点想想，其实我还是喜欢和人打交道的，每一个人都是独特的个体，会有他区别于其他人、不一样的地方。这些"不一样"会让我好奇：他经历过什么？有怎样的故事？

这就是我，挺纠结的一个人。但我估计，大多数人和我一样吧。想想也很有趣，人类最初为何有了语言，又为何将语言形成文字，学界亦无定论，我想，那是出自我们原始的本能：表达与交流的需要。

上学十余年，就是没有任何一门课教我们怎么和同类沟通，于是出来社会，我们怀揣着一肚子学问，却无法正确表达我们想表达的意思，也无法理解明明是同物种，明明说同一种语言的同类的话。于是我们如猿人般，在社会中进化，有时候也会误入歧途，以为厚黑是人际关系制胜的法则，但总违背本心，做不来，有时候，又觉得孔子说得对：朋友切切偲偲，有不同意见才是朋友。

有时候，我也会想，沟通太浪费时间了，这个时间我更愿意研读专业或者实实在在做点事。但再一想，想最终把事做成，还是少不了持续不断的好好沟通啊。

1. 与自己沟通

// · 与自己开会 · //

当有人咨询我如何深度思考、如何深度工作、如何增加表达能力、如何变得自信、如何预测未来、是不是要跳槽、工作难题怎么解决，我都会推荐一个方法：你呀，跟自己开会了吗？

并不是敷衍提问者，我知道，提问的人想要一个明确的1、2、3怎么做，但我真的不是你啊，我要怎么做和你要怎么做，一定是不一样的。

比如，我性格暴烈，如果你问我这个人要怎么炒是合法合理的，我会不打击对方自尊的情况下，给对方推荐更合适的岗位的情况下，补偿金给得足足的情况下，爽快地一拍两散。我不认为解除劳动合同就是失礼的行为，恰恰相反，类似离婚，是放彼此一条生路。

而你性格温吞，企业也给不了足额补偿金，协商技巧就和我的不一样了。最佳方法，把自己放在对方的位置，如果你是他，你想得到什么样的谈话过程，那就这么谈吧。而如何把自己放在对方的位置，简单啊，跟自己开个会。

以上例子有点难过，再举个好例子，你想把自己普通岗位上的经验转化成了不起的知识体系，没问题啊，普通岗大有可为，换一句话说，任何工种做到极致的人，就是人尖子，不输大师。

某双十一期间夜黑风高的10点，我下班后去快递柜取快递，一个帅气的快递小哥哥正手脚麻利地塞快递，满满一车，眼见他10分钟不到搞定。为什么他5点不来塞？那个时候快递柜还是满的，为什么早上10点不来塞？那个时候绝大多数收件人都自己取快递，于是，小哥哥的工作仅仅在半夜10点增加10分钟，能省去第二天至少1小时的工作量。说不定他还会因此睡个懒觉，又或者和其他快递小哥哥一样照常派件，但他的业务量是别人的倍数！

派个快递有多难？比我们的岗位难度系数低吧，但别人做出花样了，行动路线、派件时间等等经验，总结整理，就成了小哥哥的知识体系。

而我，出于职业习惯，也会花10分钟观察某个岗位如何工作，当然，不排除因为这个小哥哥帅的原因。你有没有去观察你们公司的每个岗位包括自己每一个工序如何工作？流程是不是可以优化？流程间有什么联系？

而任何工种如何做到极致？简单啊，和自己开个会。跟自己汇报下观察到的现状，整理思路，形成会议纪要，变成行动方案。

总之，无论是你有疑问的时候，还是想深度学习或工作的时候，跟自己开个会吧。解决问题、深度思考、深度工作的前提都是专注，和自己开会也就是让自己在没有干扰下活动，激发自己的思维力。

我通常会说，学习的方法有两种，问人，问书。我忘了说，问人，包括问自己。

//·内向的力量·//

夹子小姐姐说，她是个内向的人，不善言辞，不善交际，还特别不自信，适不适合继续做 HR 啊？

也有因为孩子如何选择专业而举棋不定的家长咨询到我：我的孩子性格内向，不适合做销售吧？

甚至于我自己的娃，觉得自己从正太成长为资深宅男，宅男的各种选项中，死宅被诟病，估计难找老婆；居家宅男需要厨艺家务俱佳，他尚未利用膨胀系数煮过米饭；动漫宅赚不到生活费，18岁之后，母亲也不会赞助生活费；技术宅，能赚到生活费，还能堂而皇之地宅，于是备战高考之余，偷偷研习 JAVA 语言。

每个人，都用自己的有限经验去推断自己或孩子适合什么，但这就是唯一的选择吗？宅男就一定要做技术男？内向就不能做 HR 或销售？

这是一道数学题，首先，我们要读懂条件——内向。

内向是一种性格，内向的人更自省、更深沉、更安静、更保守、更不爱交际。再看这些分项条件，能推导出什么？

更自省：于是我们更爱问为什么，怎么办，更愿意总结经验教训，工作经验的浓度会大于不爱自省的人，而高浓度又能让我们持续发展力更强。适不适合做 HR 呢？不仅适合，还非常适合。

更深沉：深沉，代表我们不轻易发表言论，不冒冒失失外露我们的情绪，近义词是稳妥，那适不适合做 HR 呢？

更安静：闲聊八卦的人群里，找不到我们的身影，争执中，我们绝不会做粗俗的咆哮帝，那适不适合做 HR 呢？

更保守：不如说更有风险意识，更愿意主动评估风险，这是领导力很重要的意向要求，那适不适合做 HR 呢？

更不爱交际：职场不是舞厅，不需要交际花，更需要润滑剂般的 HR。

以上分析，都推导不出来结论 B——内向的人不适合做 HR。

再从 HR 的职能分析：做薪酬，一定需要安静、话不多、保守的人；做培训，爱说话，不爱说话，都能做，内省的人，因为思前想后，培训效果也许更贴合现实；做招聘，有礼貌有头脑能做更好，和性格没关系。

对夹子小姐姐的建议是：不自信，做什么都做不好，不仅仅是 HR。

培养自信的方法很简单。

方法一：找出自己最得意的事，为什么那件事你做得特别好？其中体现了你的什么能力？在什么时候你是自信的？当时的情景怎样？我们都不是全能神，一定有擅长和不擅长的，而经常自恋地回顾英雄事迹，确实能增加自信。比如，我曾成功减肥6斤，即使反弹10斤后，我仍然坚定地相信，我能重新减回来！在其他需要自律的事上，我也能做好！

方法二：找到不自信的深层原因，是因为不熟悉吗？那么尽快去熟悉它。因为没做过害怕吗？那就克服害怕，对未知的恐惧是人类天性，人人如此，不是你一个人，想到这里，你也就不怕了。再想好如果做了，最坏的结果是什么？

自己能承受吗？此刻，正好发挥内向性格人的强项——风控。大多数结果会因为我们的提前风险预测绕过危险。是曾经失败过有阴影吗？那就从失败中总结经验，你比没在此事失败过的人，更具成功概率。

方法三：找到一群正能量的朋友，进入他们的圈子，每天都会精神倍棒，自信笃定。

不善交际，夹子小姐姐提到的交际我猜是沟通吧，是如何顺畅地完成人和人之间的意见交流、情感交流，善于沟通不仅职场需要、HR 需要、生活中也需要，不善沟通，做 HR 会很累，做其他任何工作都会很辛苦，甚至在管教孩子上，也会频频受挫。

善于沟通，绝对不是爱说话，沟通力更多是思维力，想清楚了，就能说清楚，而个中技巧，也是可以短时间训练的。

2. 与上级沟通

// · 怎么了解上司的真实意图 · //

最近收到的问题："不知道怎么了解上司的真实意图"，我回答：多提问就好，比如，您想要的效果是什么？我按照这个效果设计方案。结果，提出问题的朋友很沮丧地回复：还是我自己能力差了，达不到领导要的效果……

我深深地检讨自己，一句话害他沮丧了，其实是我表达不够清晰，准确的表达是：一点一点地引导老板。

过年和朋友欢聚，某某说：今年我要好好管理自己的健康，你觉得 A 健身房好？还是 B 健身房好？如果你回答哪一个好，就错了。她问题的本质是——管理健康。所以要从如何管理健康上给出建议。

老板说：你去做一套绩效方案。他要的一定不是绩效方案，而是通过这个方案，想解决什么问题。当你问他要达到的效果时，他可能说：大家都满意，公司给的钱又不会多，员工离职率降低，工作劲头高涨……

其实老板提出了4个需要你解决的问题，是不是都用绩效方案解决呢？并不可能啊，所以，你的方案应该是组合牌，例子：

组合式解决方案：

1.大家都满意？这是不可能的，大多数人满意即可。

2.公司给的钱不多？需要你去测算，做一个数字游戏，但仍然不可能给的钱不多，大家还满意的，一定会多付出人工成本，只不过尽量少。如何让老板觉得已经很少了？ A、B、C、高、中、低各算几个，高的，不是要用的，功能是给予老板心理暗示。

3.要想离职率低？除了钱，还有非常多的方式。最重要的，人们喜欢和他喜欢的人一起工作。我的前同事最近召唤我和她会合，刹那间冲动得准备换工作，就是因为和她一起工作舒心。

4.工作劲头高涨？也不一定全是因为钱，人也不是机器，加个油、换个发动机就能转身加速，一点一点地提出要求，一点一点地改变。

有一个慈善机构募捐项目，某心理学家（名字不记得了，对不起），建议口号加一句："哪怕是一分钱也好"。加了这句话以后，多筹集到一倍的钱物。该学者说：提出一个非常简单的要求，人们难以拒绝，会害怕别人觉得自己不通人情；当他接受了这个简单的要求之后，你再提出一个比较高的要求，人们一般更易接受，他想保持前后一致的印象。

老板总希望达到一个完美的效果，并没有考虑他的企业和别人家的其实不一样，你帮老板把本企业在人力上的优势、劣势分析清楚，把老板的蓝图变成细节图和进度图，说服老板分阶段完成，这样自己的压力也小，成功率也更高，也是对公司负责任的态度。

再次强调暗示！你的语言、你的头衔、你的相貌都能影响到你对老板的暗示有效性。所以，请一定自信，否则当初老板面试那么多人，为什么选你入职？你在人力上就是比老板专业，这一点底气一定要有，暗示才有效果。

总结：怎么了解上司的真实意图？

1.在接受上级指令的时候，首先明确要解决的问题到底是什么；

2.完全可以把一个指令分解成很多小任务；

3.不同的问题用不同的方法解决，想一个方案解决公司所有问题是完全没有可能的，不必为难自己；

4.员工的管理上、公司的管理上，也要循序渐进，并且让老板接受这个观点；

5.可视化的进度图表，能让自己解压，也能让老板相信，你是有谋略的，并非推诿、偷懒。

//·领导沟通的正确姿势·//

我家里的老板貌似自由、博爱，内心坚持己见。叫我周二扫地，如果周三扫了，会被骂，如果不仅扫了，还拖地了，大骂。所以，小事上，不影响他，爱咋地咋地，骂是爱，无伤大雅。大事上，价值观趋于一致，还真没不同意见，无须互相影响。非大是大非，各自不同观点，也是乐趣。

老板可不是和你一张床睡的人，如何影响他？我们举几个例子。

关于性格和领导力，有9型人格理论，16型人格理论，disc 模型，还有乐嘉的性格色彩，我不鼓励你去研究这些，我们不是做学术研究的，而且人的性格也不应该分成16型或32型，人的性向都能分成56种，何况性格呢？一定是异常复杂的。

在复杂中，我们找到一点规律就可以了。

强势的领导该怎么影响，过于随和经常不表态的领导该怎么影响，追求完美的领导该怎么影响？

一、与专制领导的沟通之道

前几天，和朋友聊天，有人提到，他的老板又不专业又专横，还处处压制他们的创新，我相信，他说的都是真的，但我们在职场中经历的每一个上司都是可贵的。

想想看，你的领导是不是经常打断你？是不是说话快，做事快？几乎不说谢谢？说话的口气都是命令式的？

一个这样的领导，他往往有一定的大局观和铁腕手段，并且以结果为导向，他的缺点也显而易见，比如难以接近，独断专行，善变，想到一出是一出。遇到这样的领导该怎么办呢？有三种方法供你参考：

第一种，你去适应他，忍受他，模仿他，做到和他一样，他喜欢和他风格一致的人，不要太敏感，不要念念不忘。和他沟通，只说关键词，因为这样的领导耐心不够，你的语言要柔和，领导发火的时候，赶快说，你说得对，来结束上一个场景，至于对不对，你自己心里明白就行。另外，用你女性特有的敏感，去发现领导孩子气的地方，去体谅他，还可以增加一点幽默，化解你们的硬碰硬，比如领导说这个流程太繁琐，不需要这么分工明确吧，你可以幽默地说，我也只配做这些繁琐的事，让我操心就好了。

第二种，对付这样的领导，某些小事，你大可以发脾气，做一次，两次，告诉领导，我尊敬你，但我也是有脾气的。用这个方法前，你要评估自己是不是业绩不错，地位稳定，你的领导上面是不是还有领导，你有申述的机会，你要准备好破釜沉舟的勇气。

第三种，等领导心平气和，不情绪化的时候，再去讲道理，给他几个方案，让他去选，让他有掌控感；行动在领导的前面，不等领导吩咐你干什么才干，把领导要求的不可能的事变成可能，给他一个惊喜，还有多请示，这也是专治型领导喜欢的沟通模式。

方案的选择，就是在潜移默化地影响领导，一次次的请示，就是双向沟通，互相影响。

二、大领导不作为，怎么影响

不作为的领导，一般都是心软很友好，不轻易表态的那种人，他们能有效倾听，能有同理心，但不愿交流，安于现状，不愿意创新，很难说不，也会固执，当他遇到不赞成或拿不准的事，你会发现，你的提案石沉大海，杳无音信了。

怎么影响这样的领导呢？第一，表忠心，忠心是当有事发生的时候，你能顶上，帮领导解决问题。心软的领导，犹豫不决的领导，往往对一个人的信任需要更长的时间，一旦他信任你了，就会非常坚定。第二，因为他不愿意拉开脸，就需要你和他打配合战，你来做恶人。

公司就是社会的缩影，一定是物竞天择，适者生存的，虽然很残酷，但也没办法。如何影响这部分人呢？耐心一点，让他们慢慢接受你来打配合战就是你的影响力。

三、追求完美的领导该怎么影响

追求完美的领导，原则性极强，计划性也极强，但也会存在，要求过高，任务导向，缺少人情味，面对一个挑剔的领导，我们该怎么办呢？

第一，不找借口，坚持原则；

第二，提高自己做事的标准；

第三，偶尔和上级交心，找到他柔软的地方。

遇到一个高标准的领导，一定是对自己有帮助的，一再被挑剔后，你会把自己逼上一个台阶。达到他的标准了，你说的话就开始有分量了，有分量了，就开始有影响力了。

影响力，绝对不是你管多少人，让多少人听你的，而是你能激励多少人，激励老板，也是学问。还有，你就是你，你可以尝试转化和领导相处的模式，而这种模式，是不触及你做人的底线的，是有你自己风格的。如果这种转化让你觉得不够舒服，建议你换领导比换模式更有效。

3. 与其他部门沟通

// ·宫斗、同盟军· //

收到提问：我们是初创公司，部门3人，职位都一样，但有个资历和能力都比较强的人员在，我们默认了她就是主管。一般情况我都会跟她去探讨再做决定，因为我自己也是初出茅庐，很多细节考虑不周到。有时跟她说，她说不用说，我认为的小事没有说吧，她又换另一种说法，导致我都不想跟她好好说话了，我到底该怎么办？我属于比较直性子的人，主管属于心思比较多的人，真心伺候不了的感觉，求帮助。

回复：首先本人检讨自己，很容易在遇到事无巨细的汇报时，露出不耐烦的表情，脸上藏不住情绪！同时，我心里也会很喜欢这个汇报的人，他真尊重我啊！所以，你还是汇报吧。观察下，她露出不耐烦的表情的时候都是什么事？有些事她必须知道，但她想装不知道，不承担责任？

亲爱的，你没有错，领导没有告诉你哪些该汇报，哪些不该，就得都汇报。只是她可能自己也名不正言不顺，觉得尴尬。或者，更高级的领导，并没有说她就是领导，她听你的汇报确实内心也煎熬。

办法一：试探下，不汇报，独立承担责任，即使错了，会怎样，极有可能，你建立了自己的门派了。

方法二：把你的心思告诉他，我不是不想承担责任，这些事我都承担后果，只是，你是姐姐，我想和你商量。类似你问77意见，我通常会回复，但我承担责任吗，并不。

方法三，偶尔也提出你的建议，既然大家一起干活，就一起想办法，不分彼此，遇到更大的领导批评，你勇敢站出来背锅，表示姿态，表示过一次就够了，大家懂你了，就不介意你遇到问题商量了。另外，注意商量时的措辞，这个问题我是这么想的，想听听你的意见，当然，如果有什么后果，责任是我的之类。

另一个问题，公司内如何建立盟军？

首先和你喜欢的人交朋友，你喜欢的人，他们也会喜欢你。破冰后，你的人脉雪球会滚大。这里的朋友指职场朋友，不谈八卦和私事的。而建立盟军的关键，在于双方有共同利益。

公司其实是一个权力机构，管理是调配各种资源，权力又是对资源的调度权，在公司的任何管理活动中、沟通协调中，都要先盘点自己的权力，这个权力不仅仅是岗位权力，也含有个人的软权力。

说到权力，我们就想到宫斗，真的可以这么理解！有权力的地方，就一定有宫斗啊，不管我们喜不喜，就是这样的！

不善于经营自己权力的人，会很难驾驭团队，也很难跨部门协作，也就是自己空有一身力气，但使不出来的感觉。而这样的人呢，往往对上司给予自己的正常或超额任务，也觉得是宫斗，是上司打压，于是演变为对上不服气，对下又无力。

权力一定不是自己吼来的、或要求来的。把自己定位给定好，做好服务和技术顾问，权力会自动降临。一种降临方式是领导在某项目、某任务上授权于你，更多的来源于能力、业绩、合作性形成的口碑。

又懵圈了？明明问的怎么在公司形成盟军，怎么变成谈职场权力？

我的意思是：只有弄明白自己在职场或在某个任务中有哪些权力，才能更好地去协调，而这其中，任何和工作有关的交流，保持严谨和职业化是自身安全的前提。你可以嘻哈，但要在无关紧要的事上嘻哈。另，口头交流后，重要事项邮件确认，留证据，也是保障安全的必要手段。

参考《红楼梦》中的平儿，我们中层管理者有类似地方，都属于老板与员工之间的夹层。平儿有一定权力，但她凡事先请示，请示必提自己的不成熟的小小建议是什么，事后绝对不邀功。

很多时候默默摆平扯皮事件，鉴于她的老板心思小气，即使已经摆平的，平儿同志仍然会汇报。而汇报口头禅是这样的：我寻思，奶奶哪有这个闲工夫管他们这些小事，我索性先怎么怎么处理了，奶奶要是觉得不妥，您责罚我吧。

平儿有没有盟军呢？那是相当多的，各房管事大丫头都和她有交情，她会掂量自己的分量找盟军，而不是找各方的奶奶当盟军。甚至更高层的李纨同志表示出和她的亲密，平儿同志还会刻意回避。

以上，仅供参考。

//·吵架，也是正向沟通·//

有时候和朋友聊着聊着，就说：容我去吵个架，马上回来。这里说的吵架，就是去解决各种矛盾纠纷去了，我是本公司金牌调解员，擅长处理自己部门与其他部门的争执，以及其他部门间的掐架。

吵架风格其实像咖啡：蓝山型，焦糖玛奇朵型，拿铁型，曼特宁型。

大多数人对武汉女性的或者说湖北女性的评价就是——泼辣！大多数人，也说我不像武汉人，感觉蛮温柔婉约。其实，我真的是武汉人，吵架风格真的很泼辣，跟曼特宁一样阳刚浓烈，吵起来有种痛快淋漓、驰骋江湖的风光。

蓝山型吵架风格又是怎样的呢？它的味道芳香、顺滑，味道适度而完美，蓝山型吵架风格非常有条不紊，以细节为导向的他会衡量所有的可选方案，也会认真地去倾听、去研究所有信息，和这种人在吵架的时候，你感觉对方很清淡，所以，把这种叫蓝山型吵架风格。

除了认真分析，蓝山型吵架风格的人，还习惯让别人去掌握主动。整个沟通过程，他都很职业化，他会把信息有条理地去呈现出来。他更希望你有数据支持，更喜欢你掌握主动，这个架就好吵了。相反的，如果你手势非常多，语速特别快，他会反感，简单地说，他需要你温柔地对他，慢慢地说，通常会吵出一个满意的架来。

焦糖玛奇朵吵架风格是非常亲切的，跟你的沟通过程当中，也非常的轻松，很开放，说话的速度比较慢，很委婉。面部表情通常是微笑。这样一种甜蜜的吵架风格，需要你先建立亲密、可以信赖的人际关系。在他的吵架过程当中，他其实是希望他的决策能够得到你的支持。

拿铁型是我们经常会碰到的吵架高手，也是很让我们苦恼的对手，整个吵架过程都是泡泡。

也就是说，他关注的细枝末节太多，经常说着说着，就跑偏了，他说话的节奏很快，他不太去看事实，更强调所谓的情怀、愿望。

和拿铁吵架，我们经常被这样的人的气场震撼到，因为他说话声音很大，肢体语言很丰富啊，感觉是一个气场强大的人。

补充说明曼特宁型，就是我这一杯。这种吵架风格绝对以结果为导向，控制性很强，会有非常清晰的目标，会非常强调结果，有高度的紧迫感。

整个吵架过程当中会显得比较有见识，也比较强势。会运用到足够多的、能够支持结果的信息，能够直面困难，动作也算得上迅速。

所以如果是和我这样的人吵架，你要能够很认真地倾听，并且作出相应的回应。且注意到一点，他其实话不多。他只会要求说重点，而且语速有点快。

听完对四种吵架风格的介绍，你是哪杯咖啡呢？如果你弄清楚自己到底是哪一种吵架风格，然后再弄清楚，你需要吵架的对象什么风格，就不容易出现任何伤害性语言，也能吵好架，也能双赢。

//·公司群的沟通技巧·//

最近，闺蜜群有趣事，一个平日叽叽喳喳的小闺蜜默默退群了；接着，吃饭群，一个约饭的始作俑者退群了。我跟其他在群的人说，你们知道吗？朋友在一起，就是其他人围聊不在场人的八卦，现在我们有得聊了。

当然，他们在的一些群，我也早早退群了，故，八卦机会平等。

细思量，五花八门的群里潜水的人们，有参与我们的聊天吗？其实是参与了，比如会退群，即表明一种态度，表态就是传递信息，传递信息就是沟通，沟通就是聊天。得出结论后，我心安地继续潜水亦悠然地看着其他人潜水。不退群，则表示他在旁观，仅仅没有发声，但我们说的可听进去了。

如果大家都在说话，某人长时间不吱声，有没有发现？我们反而会惦记这个人，他突然变得在我们心中重要起来。更有好奇者，会被沉默者的黑暗气质吸引。

那些群里的潜伏者啊，或许认真读着群里的消息，懒于表达，或者羞于表达，又或者对群里画风失望，当然，加群也可能只是为了某个特殊的目的……

回到工作中来，很多公司都有自己的 QQ 群或微信群，最初的目的是发发不重要通知、找人方便、让新人迅速融入等等。最初应该是我们 HR 建立的，后演变为某些领导提出不合理要求的平台，比如休息时间安排工作、文件接收等等。而我，是公司群里的潜伏者。

为什么？

1. 社交软件就是社交软件，不是商务软件，不是公司的正式沟通渠道，非正式沟通渠道里，一个 HR 的发言会被误解为公司的意思，但，我并不代表任何职位、任何部门，社交软件里的我，是脱了工装的我。

2. 工作相关事宜请发公司邮箱或电话或当面，不接受临时会话窗口，否则杂事缠身，且无法做工作记录。HR 的工作有那么点鉴证实录的感觉，有证有据才好办事，才有说服力。

3. 一个领导振臂高呼，你喝不喝彩？一次喝了，下次喝不喝？A 振臂时，你喝彩了，B 振臂的时候喝不喝？故，从开始到结束，都不接话，做资深潜伏者，就少了些许烦恼。

4. 领导不容易找到你，当找到你，布置临时任务时措辞会斟酌，于是收到的指令会更清晰，同时，对方会珍惜这样的机会，不轻易用，少了些许额外任务。

作为公司群的潜伏者，我也是发言的：欢迎新同事、雅俗共赏的笑话、拼饭等可以公开场合说的私话，公开场合就是公开场合，私话仅仅调节气氛，大可不必占用其他人读屏时间。

4. 面试沟通

提问：找工作、面试总会遇到各种各样奇葩的公司和面试官，如何鉴别一家公司是否靠谱？

我懂，找工作是个糟心事，你心急如焚地想上岗，结果净是不靠谱的公司，那个气啊。

我遇到过无公交到达的公司，像我这样不会开车的人，去时好歹能打车去，回来，好嘛，翘首以盼1小时，无的士路过。机智的我伸手随便拦过路车，又一小时后，拦到该公司某总的车，方得以出来。

和我比，你遇到的真不是事，如果不是压力面试，那么有这样的可能：只想见见你，其实也是机会的象征，HR 手头并无设计职位的招聘，但凭经验，她觉得你的才华公司会用上，你现在的面试，是为了你以后的机会。就算她手上一直没有职位，遇到有这个需要的同行，你面试表现好，她会推荐你。而你觉得踩的坑，都不会白踩。

一、面试是铺社交管道的过程

我们总觉得找工作是当下的事，其实不然，找工作是个铺管道的过程，你有意无意地铺出去的管道，总有能起到作用的时候。

我的真实故事：作为面试官，面试过一名招聘经理，很优秀，但我们公司一些条件达不到她的要求，没有谈成。面试及追踪过程是愉快的，买卖不成，我们交情还在。一年后，她找到我，她现在供职的集团公司需要 HRD，我被她反追踪了，她新工作，用我做了献礼，业绩喜人，而我也乐得换到离家步行10分钟的公司。

二、能遇奇葩是人生乐事

我们的人生已经够无趣，天天在朋友圈里见世界、长见识，哪怕面试遇奇葩，也是和往常不同的经历，也是有意义的，至少，还能成为朋友聚会的谈资，而不是只会谈如何比价奶粉、尿布。

我也曾说过：作为面试者，鼓励大家半年更新一次简历，去面试1~3家，重新评估自己的市场价值，并不是真的找工作。而作为面试官，同样鼓励大家，手上没职位，也找几个人来面试，不论是了解市场薪酬水平，还是同行同职位能力水平，还是闲时备着急时用，都很有意义。

既然，不论是面试者还是面试官，都可能不为了职位而面试，那，双方扯平了。

如果，你深谙面试就是社交的规则，就不会生气跑路5小时。和朋友约饭，往往也会不遗余力，哪里偏远约哪里，只为吃一口好饭，一份好工作不抵约饭吗？你见的朋友，也不会每次都有趣，但你不见，聊得来的人不会从天而降。

三、哪些公司真的不值得去呢

当然，也有特别不值得去的公司，提前搜索该公司信息，多少能找到蛛丝马迹，即使没有官网，也有官微、官方公众号吧。该公司大致做什么，组织结构如何，管理风格如何，产品是什么，招聘哪些职位，都能找到。如果这些都找不到，一个深藏功与名的公司，要么是骗子公司，要么是大隐隐于市。如果行业你特别有兴趣，也建议赌一把，无非花几块钱车钱，当买彩票了，如果你身边有玩彩票的人，他一定会告诉你，要坚持买，万一中奖了呢？面试亦同。

而，你心疼的、花掉的时间，如果没去面试，你会干吗？

总结：所谓靠谱的公司，还真没有标准。如果你博士毕业出来求职，非大型或尖端科技型公司，对你而言就是不靠谱的；如果你高中毕业出来求职，能按时发工资的公司就是靠谱的。跟相亲一样，你想要什么样的，至少有个范围吧，啥范围都没有，好公司、好人，摆在你面前，你都不知道算不算靠谱，之后只能暗自神伤：曾经有一份真挚的……

tips: 人际关系测试

很多人觉得：宝（老）宝（子）人际关系不良，玩不转职场。但其实呢，我们的人际关系技巧，没有我们想的那样不好，在人际关系中，大多数人是良的！

以下人际关系技能的评估，来源自《职业心理学》作者杜布林教授（工业与心理学博士，教授，绝不等同于茶余饭后消遣的测试），共有21题，其中5、6、21因个人体验和国情不同，仅作参考。

人际关系技能评估		自评	他评
1	与别人交谈的时候会很认真听别人的说法	4	4
2	经常微笑	4	4
3	会用圆滑的方式批评人	4	4
4	与不同年龄的人相处都融洽	4	5
5	与不同民族或国家的人相处融洽	4	5
6	与不同种族的人相处融洽	4	5
7	当不同意别人观点时，会让他知道自己的感受	4	4
8	当为某件事感到高兴，会让别人知道自己的感受	4	3
9	衣服整洁得体	4	4
10	当输了时候，会恭喜获胜者	3	4
11	即使有电话打进来，也会专心与别人交谈而不是接电话	5	4
12	在应该赞美的时候不吝惜	5	5
13	幽默	3	5
14	当别人不理解自己，会耐心解释	1	2
15	会与他人合作	4	4
16	能控制自己的脾气	3	3
17	因真诚和靠谱受到尊重	4	5
18	被人信任	4	5
19	激励他人去做他们没想过要做的事	5	5
20	愿意直接交流而不是微信	4	4
21	只要情景允许，会拥抱他人	3	3
小计		80	87

手打，可见我是多么愿意与你们分享。

他人评价可以找你的爱人、孩子、同事、好友，别人眼中的你和你自己觉得的你，还是有差异的，大多数情况别人的评价更严格，分数会比自评低。如果别人评价分数比自评高，要么你太谦虚，要么，评价你的人很爱你或，或真的很怕你。

非常不符合1，不符合2，基本符合3，符合4，非常符合5。

自评85，杰出，60~84，中等。他评80，杰出，55~79，中等。综合165，杰出，115~163，中等。

即使分数低于60分，也不要难过，其中列出的条目，正好是简单易行的提升人际关系技巧，比如测试中提到的微笑、衣着得体、控制脾气，你分分钟就能做到。

人际关系，英文是 human relations，乍一看，也是 HR，当然，人力资源管理你说是人际关系管理也不为过，70% 以上的工作都是和人在打交道……

the ninth day

| 第9天 |

获得影响力

有一些人清楚地知道影响力的武器藏在哪里，而且经常熟练地驾驭这些武器来达到自己的目的。其实他们成功的秘密在于他们知道怎样提出请求，知道怎样利用身边存在的这样或那样的影响力的武器来武装自己，有时候仅需要正确选择一个词汇就可以做到这一点。

——《影响力》

书上说影响力是用一种为别人所乐于接受的方式，改变他人的思想和行动的能力。就我个人而言，并不喜欢影响力这个词，我不喜欢影响人，不喜欢让别人听我的，我觉得我没有去改变任何人，我尊重每一个个体的行为方式。

但深思，我的工作就是在不断地影响人啊，企图说服候选人入职，企图用培训等方式让员工的价值观和公司统一，企图用合理的薪酬算法，让员工受激励从而更卖力气干活，而我和孩子的对话，也是企图不露痕迹地影响他，我表面上反感这个词，但身体很诚实地采用了影响力这个武器。

武器，也不是一个好词，带攻击性和防御性，身而为人，物竞天择适者生存，有个武器，大约也是不得已的事，但有了，办事方便多了，陪孩子做作业绝对不需要吼了，润物细无声就能影响他。

我口里的影响，不是让对方上套，是一个人自然而然散发的强大气场：自信的，有魅力的，无所畏惧的，还温柔安静的力量。

1. 排外的公司，要怎么获得影响力

当我新加入一个群或网站或论坛，往往眼睁睁看着他们聊天，插不进话，我不知道他们在说什么。或者我以为我知道，急急地插句话，往往不得要领，于是赶快沉默。沉默沉默着，就成了沉寂。

我有很多群，但说上话的不多。不知道你们是不是也这样？

当我建立自己群的时候，将心比心，我会欢迎新人，会要求新人爆照，看起来是欺负新人，其实是找到他能接话的话题。我会要求男生用加号，女生用减号修改群名片，看起来莫名其妙，其实也是找他能提问的话题。当他问为什么这样规定啊，就会有人接话，聊下去了。

可以聊了，就融入了。

公司其实也和群一样，即使都是同乡、亲戚的公司，不见得就故意排外，只是你不懂他们在说什么，插不进话，你突然插一句大家从来没听过的话，他们也懒得接话，这就是为什么新人难以推行新政策。

回忆下，你们融入新群，说："新人报道，请多关照"，有人理吗？大约是没人理的，如果是被管理员正好看到，他还会说，这里没有关照，你自己照顾好自己。管理员排外吗？并不。你要懂他说话的方式。公司也一样，当你说请多关照，并没有人会关照你，怎么破？大白兔77说，伸手不打笑脸人，你的微笑，就是打招呼，多笑笑，少说话。

笑多了，旁人会说："你是傻吧。"所以，大白兔77还说："打铁的要自己把钳，种地的要自己下田。"不摆领导架子，亲力亲为，言传身教，先把自己部门的人搞定，让他们成为第一批支持你的人。

大白兔77还说："老马识路数，老人通世故。"工作餐，你再爱一个人吃，也找同事一起吃，记得，单独一个个，吃个饭，闲个聊，不要谈工作，有聊就有交情，有交情，再去请教如何行事。

大白兔77又说："人多出正理，谷多出好米。"工作上的事，不怕人多嘴杂，官方讨论，大家都好个面子，争个输赢，所以，不要动不动就组织大家开会讨论，耽误大家干活，好烦人的，还容易招敌。

非官方讨论，则建议多。所以，等破冰了，有聊了，再请教："6S我准备这么推行，您在公司时间长，也帮我把个关，看看这么做对不对，我改。"

只要对方肯开口，不论同意还是反对，都是你的盟军了，无非是对操作细节的认识不同，这个可以继续磨合。

最难的，是大家真排外，打死也不说，你就要深入敌后，打听真相了。为什么排外呢？以前发生过什么故事呢？前任都是怎么死的呢？都打探不出来，可直接问招你的人，也许就是老板。含蓄说明最近几天发生了什么，绝对不要说一句同事坏话，只说相处下来，大家都很优秀，你觉得对新政策不够热心，你想知道你能做什么，这个时候，绝对不要讨老板的尚方宝剑，讨了，就是死，如与同事有冲突，在保老将还是新人上，你猜老板保谁？

如果能从老人、老板那里听到了过去的故事，对你开展工作会很有帮助，如果还是打探不到？这家公司就是找不到一个能聊的人，我劝你离开吧，也太诡异了。

我是在巷弄里长大的孩子，积古的老人，有时候说的老话，比教科书有用，那是经过岁月沉淀的、民间智慧的结晶。有时候，我们以为很难的职场问题，其实并不难，只是我们忘了用最朴素的方法解决问题。

2. 如何提升在公司的地位

如何提高在公司的地位？颇不好回答吧，我们换个问题：如何提高女性在家庭中的地位？各位看官，无论男女老少，应该都能不假思索地脱口而出：1. 社会舆论提高女性地位；2. 提高女性自身素质呗。

这两个问题颇有异曲同工之妙，社会舆论咱们不说，不论人力资源部还是女性，地位都不低，都上升到战略伙伴、变革管理者高度了。所以，答案直指向一个解决方法：提高 HR 部门自身素质。

提高 HR 部门的素质，责任在谁？头羊（或你们爱说头狼），现在的问题于是乎演变成：如何提高 HR 部门头羊的素质？

你们喜欢提的杰克·韦尔奇的顾问查兰同志说过：领导梯队啊，有六个阶段。

他说的第一阶段：从管理自我到管理他人，这个阶段，头羊学习的技能包括工作计划、知人善任、分配工作、激励员工、教练辅导和绩效评估。

第二阶段：从管理他人到管理经理人员，这个阶段要学习领导技能、时间管理能力和工作理念的转型。

第三阶段：从管理经理人员到管理职能部门，这个阶段要同时管理几个相关部门，需要跨越几个层级与员工沟通，需要培养更高超的沟通技巧。因为还必须管理自身专业以外的其他工作，所以还必须懂专业以外的事。

第三个阶段已经类似事业部副总经理，仅供大家参考，大多数人做不到这个阶段。第一个阶段做好了，就是个好经理，第二个阶段做好了，就是个好总监。

头羊的事，咱们给说清了：部门要有地位，带头人素质要高，如何提高，参考以上查兰大师的说法。

看到此，你们估计纠结要不要点赞，好像说清了，又好像没那么简单吧。提醒你，先不点！这个话题77还没回答完呢，以上只说到能力，还没说到实践呢。

如何提高 HR 部门的地位之实践：提高地位，先想想定位是什么，而不论公司如何对 HR 部门定位，考核指标核心只有一个——部门效益！

人力资源部门效益怎么评估？见二级教材：评估人力资源管理效益是一项非常复杂的工作，还没有一种公认的成功的方法。相对而言，指数调查法、声誉调查法、会计评估法、审计评估法、案例研究法、成本比较法、竞争基准法、关键指标法、效用指数法、目标管理法、利润中心法、投入产出分析法等方法应用较多，但都不能完整、确切地评估人力资源管理效益以及与企业效益之间的关系。（此段引用自教材）

教材上提的方法，我坦诚地告诉你，我一个都不会，听到这里，你们是不是趿溜一下满血复活？我用的评估人力资源部效益的方法比较原始，评估人力资源管理流程是否高效即可。有哪些流程呢？

1.人员流程，包括人怎么进来，怎么出去，怎么被提升，以及在组织内部如何调动。

2.绩效管理流程，包括标准和考核方法、财务或非财务奖励以及利益相关者的反馈。

3.信息流程，包括工作中必须知道的内容以及如何获取这些信息。信息能够向上、向下、横着流，也可以从外向内或由内向外流。

4.工作流程，工作由谁完成、是如何完成的，在哪里完成的，为了将个人努力与组织产出结合起来，人力、业务和营运流程是如何支持这些工作的。

把上述事给做清楚了，我不信人力资源部地位不提升！你不是 HR，运用上述流程梳理法，也一样能提高个人和部门效益，理同。

唐代诗仙、酒仙李白（我的偶像），曾经有个师傅，叫赵蕤。虽然痞子小说家张大春同志说赵蕤是个大忽悠，我其实是同意的。纵横家就是我们今天大多数"专家"的升级版：只负责思（吹）考（牛），不需要实践。但大忽悠赵蕤说了句白话：忠臣应比奸臣还要奸，不如此，忠臣就难以伸张正义。

聪明的人适应环境，才能发展，"适应"更是"超越"一切的前提，只有当你足够了解周围的环境，比"奸臣"还奸，你才能"以不变应万变"。任何部门提高在公司的地位莫不如此。

3. 我要升职了

最近，有三个小伙伴告诉我这一喜讯，都是女生，末尾都加一句：我心虚……

我的第一句是一样的：当领导表达要升你的意愿，首先你要表示出内心的自信，这样别人才会相信你也可以胜任其他工作。

职场的游戏规则就是：任何时候，不能显露出对自己的怀疑。

请仔细看我上一句：你看到的关键词是什么？或者说，你对这句话的理解是什么？

要升职的小伙伴 A 的理解是：这不好吧，77姐，谦虚使人进步，我是有很多不足啊。小伙伴 B：77姐，你不是一直提倡"吾日三省吾身"，我们自省不好吗？

小伙伴 C：好的，我会表示出自信的。从三个小伙伴不同的反应，我估计好多人都有这样的误区吧。

啥误区呢？自信和自省是两件事，可以同时存在，并不是二选一。自信也不等于不谦虚，也不代表就没有不足。

自信或者不自信是一种心境，学者的解析是：人尝试用自己有限的经验去把握这个陌生世界的那种忐忑不安的心理过程。所以，你有忐忑，很正常，是大家都有的心理过程，关键是然后呢？然后，就要面对升职，要让自己看起来自信，并表演出自信，这是该有的态度。

怎么做？最简单的工具：

1.默默写出你有生之年最得意的20件事，会越写越自信。我们在面试中用到的"从过去预测未来"的行为面试，同样可以用在自我评估上。过去的得意经历，一定代表某种能力，而这项能力在未来你准备怎么用？

2.观察别人的成败，比如你喜欢的爱豆、朋友、同事。能不能在自己的经历中找到相似的故事。故事量级也许不同，但本质一定相同。

3.告诉你的母亲这件事，大多数的母亲都是无条件把孩子当最了不起的人，她会强烈认为你有能力成功应付一切任务，哪怕翻转地球。如果，碰巧，你的亲娘非常理性，那就换一个总是鼓励你的、你很尊敬的人。来自尊敬的人的认可，也能让你充满自信。

4.千万别去想失败的案例，只会让你更沮丧，而如果，碰巧，你去想了，也没关系。那就想得更深入：如果有机会重来，你会怎么做？这叫复盘带给你的自信。错，一点不可怕，错了，还能向前，最厉害。

也有人问：光有自信，然并卵。我不这么认为。自信一定是过去成功经验的累积，在你回顾得意事、增强自信的时刻，同时也找到了自身可持续发展的立足点。人，怎会没一两个得意事呢？胖虎力气大，能揍人的得意事，合理用到工作上，也能转化为搬砖好手。野花杂草，如果妨碍到你最爱的花草生长，那是野花杂草，而在合适的背景中，它们也是大自然的风景，也是有用的花花草草。生命，都是美丽的。

春风十里，五十里，一百里，海底两万里。广东肠粉，酸辣粉，螺蛳粉，武汉热干粉，不如你，全都不如你的，蜜汁自信。

tips: 影响力是你能激励多少人

绝大多数管理者都想成为有影响力的人，只有影响别人，才能吸引别人，吸引了对方视线，才能有机会达成共识，管理工作才能推动，至少，我是这么理解影响力的。通过本节阅读，你应该看出来了，影响力首先要自信，然后要自己不论为人还是处事都还不错，最后还需要一点社交技巧。

领导人的胜任能力里，影响力是非常重要的能力，影响力又是什么呢，不是你能指挥多少人去做什么，而是你能理解、授权和激励多少人，所以，建立影响力的关键是提高你与他人建立融洽关系或情感维系方面的能力，而发展融洽关系的关键，在于要有灵活的行为立场和进入别人世界的愿望。

如果愿意深入了解影响力，读一读卡耐基吧，我这一点常识都是从他哪里来的。当然，鉴于我国国情，您一定要活用！比如他说的赞美，在国内可能是"捧杀"。

激励他人

为什么那么多人像上课一般，每天固定时间来他家报到，因为他有比这些孩子更高的理想，这个答案听上去很虚假，却真实构成了文展身上那种硬铮铮的精气神。

——《皮囊》

在员工激励这件事上，我们中、基层管理者，其实能做的并不多，首先得把老板激励成一路人，才能授权我们实施激励手段，但，激励老板何其不容易。

稻盛和夫在《调动员工积极性的七个关键》中讲：一个组织的命运由这个组织的领导者决定，企业领导这对众多员工的生活付有责任，领导者必须自觉地意识到这种使命的重要性，将员工们的心凝聚起来。这本书强烈建议各位买给公司老板看。

激励他人，是一个以心换心的事，你都没有付出真心，如何换得真情。在我们中、基层管理者尚无能力激励老板之前，我们可以做以下一些事。

同样的，下面提到的方法也适用于生活中的激励。我不能写尽你可能遇到的全部场景，挑出最高频出现的聊一聊，也希望你对应你遇到的实际场景举一反三。

1. 员工福利，知进退、识寡众

有人问：请大家给一些思虑和灵感，小公司该怎么做员工的福利计划？

"思虑"？提问的人确定是想听这个？好吧。

思虑是对出现的事情做出无声的推测推演及辩论，以便做出决定。我觉得题主如果不是匆忙写错字，就是中文系的，舍得用词，或者就是想听听推演的过程，那我演一下，演得不好，请见谅。

一、主题

一个40人的公司，从来没有任何福利，题主苦主一个，现在能有福利了，该怎么思虑？

二、思虑过程

第一步，看看别人家一般有什么福利，咱们看能不能学学。搜索引擎，搜"员工福利计划"，会出来很多很多，大部分有：通讯费、交通补贴、午餐补贴、结婚礼金、生日贺金、病丧慰问金、年节福利金、养老保险、失业保险、医疗保险、生育保险、工伤保险、住房公积金、员工联谊活动、员工年假、工伤假、探亲假、员工年度体检等。

这么多摆在眼前，和题主所在小公司冲突吗？我觉得不冲突。第二步，分类：

第一类：国家法律法规规定的福利，如保险类，假期类，你们公司有吗？有，好极了，反正都有了，写进你的计划里，作为已有福利，变成签字版，不论是新员工培训，还是你招人，都能用已有福利诱惑人。万一公司发展更好了，你增加了下属，还可以有据可查，不用口口相传。

如果没有，借这次机会、借你的手慢慢完善，我们担了那么多不做人事的污名，现在做点人事，为人民谋福利。

第二类：非国家规定的，直接给钱的福利。你们公司应该都没有，能不能有？算算账，一个员工交通补贴100元，午餐补贴按出勤天数一天8元，一个月大约160元，通讯补贴100元，工龄补助一年50元，加起来人均400元/月，总额1.6万/月，老板会不会愿意承担这个成本呢？建议你试试看，不试不知道，试了、成了，你就是人民的大恩人。这个方案还可以细化成按员工级别来，具体自己再划拉划拉算算账面。

第三类：非国家规定的，间接花钱的福利。比如体检，员工活动，同上，算算账，老板能不能承担费用。不着急，逐步实现。但计划里，建议都列出来，让老板看到你的深谋远虑。

最后，该老板做选择题了，你可以给几个方案他选，比如方案一：今年，先完善国家规定的，加工龄补贴，加员工活动（只是举例，具体你自己把握你们公司最需要的），好处也要说明：能提高员工的归属感，福利钱虽然少，可也是雇主品牌的一部分，花小钱，成大事。方案二、方案三逐步加码，总之最低配置、最高配置、中等配置，你都说明优劣了，决定权在老板。

三、灵感

鉴于题主还想要点灵感，我不确定上面的思虑过程，能不能激发你的灵感，要不我继续演下半场？

遇到任何问题，搜索引擎能给灵感，第一步，先搜索，了解个大概。但搜索引擎给的一定是未经过论证的、零散的，所以不可尽信，知道个方向，知道些专用名词，不要完全摸不着头脑，搜索引擎的使命就完成了。

第二步，请教专业人士或实际操作过的人，就是你现在正在做的。顺便说说，宁愿问和你级别一样的、真正做过的人，也不要问没实践过的高手。

第三步，如果你是个严谨的人，看教材，正规出版社的著作（不是编），所有的学习，一定先从正教开始，没有基础的时候听什么就是什么，容易被误导，教材不见得有新意，但至少是实践过的，先看看，有了基础，再去找其他的学。

灵感还来自什么？灵感是解决问题的时候，感性思维过程和理性思维过程结合，形成解决问题的思路。你理性的思考：给予员工福利的目的是什么？由目的出发，加上你的感性思维（你同样是员工，你希望什么样的福利？），一定会创新不断。

四、总结

工作中，不仅仅是"小公司如何做福利计划"这样的问题，很多问题，除了要具备专业知识，更需要"知进退、识寡众"。

即使你的方案、计划再科学，也需要心里有把尺去衡量方案、计划的度在哪里？公司的度、员工的度又在哪里。

某人说：我只和喜欢的人跳舞，如果他没有出现，我宁愿不会！舞会现已开场，你想怎么跳？

续：微信公众号收到留言，姐姐能不能说白话点？看不懂啊。

说白话点，就是审时度势，找平衡。你有再大的本事，你再会跳舞，时机不合适，场合不合适，舞伴不合适，也不要跳，炫技死得快！我猜你会接着问：要怎么判断时机、场合、舞伴呢？见本书第三周内容。

2. 新入职该如何开展工作

某小朋友最近刚入职一家新公司，原话："公司成立有十多年了，但一直没有一个系统的管理制度，上班才三天，就发现公司的管理特别乱：员工迟到早退像家常便饭，副总在会议室会客期间，员工可随意出入。办公用品没有领用登记，谁想领什么都行。员工上班期间外出随意性很大，只要打个招呼就行。为了规范这些行为，我想出台一个管理制度，但我的一些理念和老板有所不同，再加上这个公司和我之前的公司相比，有很大差异，所以个人心理有点落差。请教大家，我的制度一旦出台势必会有很多人反对，因为打乱了他们固有的常态，我该怎样争取老板的支持，推行这个制度？"

回复：我本人是超级喜欢这样的公司，不要不要不要有那么多的规矩，员工工作反而更容易出成效（特指小型公司，大公司为了管控不得不制定很多规矩，被迫的，记得，他们是被迫制定各种制度，一切的企业规范一定和企业发展阶段、规模、性质相匹配）。

我们很难找到管理有序、层次分明、没有混乱的公司，管理者的职责也不是拯救全天下，帮助公司解决所有管理问题不是己任。所以，建议不要争取，至少入职三天不要有什么行动吧。

远有谷歌，程序员和大领导同一个办公间；近有77公司，不算小，办公用品领用并不登记，自取自登，一月一共几百块，特意花时间去登记、领的人也麻烦，发的人也麻烦，就算有人多领，一个月超不超过一百块？

提示：办公用品和生产用的易耗品不是一个概念，办公用品真的没多少，也没几个钱，怎么去省，一年也省不了一千块，有那个时间，能做出比一千块更大的贡献。

管理，绝大多数时候要抓大放小，当然，有时候也要抓小放大，避开锋芒。

不是按时打卡上班就称得上管理规范，也不是外出登记就叫管理规范，如果该公司的每个人，把自己的活安排得好好的，只用打个招呼就外出办事，真的挺好，效率奇高，自我管理良好。

管理到底是什么？大师说：管理者的价值不在于任劳任怨、埋头苦干、服从领导或听命于上司，也不在于提供各种精专的知识、工具、观念和术语，更不在于职称、头衔或地位，而在于依靠自身的知识、才干和贡献意识，促进组织产生成果。

好了，看到关键了，成果！衡量下你将要做的管理动作，是否能为公司产生成果，如果能，那就做！比如，因为8点40才到，耽误客诉接待，请严肃考勤制度。说服老板也很简单，简述你收集到的、影响公司的例子；比如，员工随意外出其实在干私活，同理。

三天，只能看到一个表象，表象背后是什么？一周半个月能看出来，但推任何新东西，还是建议在一个月甚至更长以后：第一，病情你了解透彻了，更容易对症下药；第二，人头更熟了，更利于提前沟通，达成你的说服目的；第三，你自己匹配下自己，是否适合该公司，不适合速走，就不存在开展各类规范（见过太多管理者走之前，制定一堆规定的，他走了，接任的人惶恐了。）

试着去判断：是确实管理松散或管理缺失？还是公司就靠这么外松实紧在打仗？员工随意迟到早退的背后，是不是有深夜加班的故事？公司只是没有把调休纸面化，而且，我也不认为小公司需要纸面化，无谓增加签批流程，增加工时损耗，有限的时间，做了些本不需要做的事。最多设置外出看板，谁出去干吗自行写上，离开时谁接替他也写上，只要能解决问题，简单的小举动就能代替制度。

会客期间，员工可随意出入，这个倒有点不够礼貌，可以规范，不过是不是因为会客间就是仓库啊，员工去领办公用品了？把仓库换个地方就能解决，又或者说，副总真心不想与这个客人废话，跟员工商量好：小七，过一刻钟来敲门！（这个伎俩我常用，应对各种检查的时候，速速送神），还有，也许这个员工就是客户的熟人啊，进去增加气氛，容易促进谈判。

我能理解题主的失落，和以前不一样，谁都有失落感，就看你能不能适应新的企业文化，先适应，再去说要改变的话。

而规范上的改变建议慢慢来（以上说的例子，都不算改变规范，小的工作环境和场景的变化随时都可以进行），在群里给大家分享过生活应急指数，员工的工作职责变更所承受的压力，相当于被辞退半次，回想我们在公司里，长期被变化的制度、规范每年"辞退"1.5次……

说个大实话，员工和公司，也是看缘分、看气场合不合的，跟谈恋爱是一模一样的。多和老板沟通，了解清楚：他请你来想达到什么效果？而如果不按你的来，你很不舒服，你也没错，说明你更适应一切常态有序的公司，一切有模子可依的公司，还是继续换工作吧。

借来的火，点不亮自己的心灵，看过的管理，不代表其他公司也适用，他好，不代表你也好，广告都是骗人的。

3. 年度评优，选的是什么？

又到了 HR 的加班季，年度人才盘点、评优、年报……

加班不可怕，可怕的是我们要打很多钩钩叉叉，但不知道从何下叉；更可怕的是领导要我们设计有很多钩钩叉叉的评分表！感觉就是个走过场的任务，可领导一定要量化……

基础数据完善的公司，尚有月度考评数据作为年度评优的依据，感性的公司，主观评价能讲述故事，也能过关，遇到两者皆非，我们要怎么办？

某妹子（看名字是妹子，看作风是汉子）提问：今年的年度评优方案撰写中，之前的套路：进行主观评分，评分维度分为业绩、态度、能力、年度总结评分。其实各个项目都是主观的评分，今年想有些改良。

但是思路卡死掉，总觉得没有数据，那不是只能主观评，刚刚做完的人员盘点，也就是把能力和态度细化了维度，进行能力与态度管理方格归档，而且结果就如同预料的基本上人员都落在 A 区，即能力好态度好。有点陷入死循环的节奏……

回复：我在快消公司时，一度挖角严重，最优秀的员工纷纷提出离开，其中，也包括很多店长。没了店长，那家店销量会瞬间下滑，店面的整个运作乱套：员工不知道什么货品该用堆码、如何展示，橱窗如何布置，什么货要进了，什么时候下订单，因为这些都在店长的脑子里，书面文件不是没有，有也三年未更新了，和现实严重不符，你信那几张纸错得更离谱。

严格说起来，业务流程整理不是 HR 的活，但业务流程顺畅，HR 能少很多活。

当年的年度评优，标准无法量化。纯看销量，和每个月销售提成重复了，看态度？态度又如何评价呢？我提议：要不今年我们评选工作最认真的人？就选一个关键词，认真！

评判的标准：员工提交上来的个人工作流程，看谁写的最认真，最具体，最优化。这个优化请员工坐在一起评价，而不是领导来评价，一线工作者最清楚手上的活该怎么做。

其实，这么做的目的不是评优，评选不是当前最重要的事，最优秀的都跑对手家了。现阶段最重要的：把离职店长脑子里的东西还原出来。借评优这个事，做另外一件事，把尚在职的优秀员工脑子里的东西变成公司的。即使没有被评上年度优秀，如果员工提供的资料能转化成公司行为手册中的一部分，这样的参与感和成就感也能抵消没选上的失落感。

最终的结果，我在社群里讲过，当年评选出的年度优秀者是一群工作一丝不苟的人。没讲过的是：我们通过评选材料，形成了店面管理的初稿，参与者都有署名，而他们，也将作为店长来培养，人才流失的困局也破了。

其实，我们HR手上有很多工具，看起来走过场的年度评先进，如果目标明确，手段得当，推进有序，能收到意想不到的收获。

顺便说个更奇葩的，另一家待过的公司，老板直接交代：部门提交上来的优秀者名单，必须是部门老大能保证次年6月前不会离职的，否则，该老大识人能力差，要降级的！

tips: 各种不要钱的激励法

前面提到日本企业家的激励法，还有一本美国人写的《引爆员工潜力的32条策略》，都推荐你们做延展阅读。说到底，还是外国人的法子，中国企业家不吃这一套，你奈他何。

据统计，激励手段有上百种，含精神的、物质的，这里列出最常用到的几种精神激励法，也许，是更适合中国式的激励法。操作细则我不一一列举案例了，可参照前面的案例操作法。

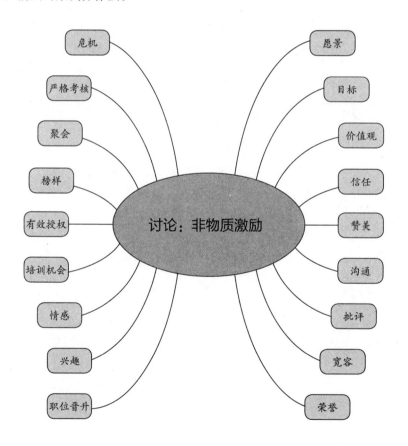

实践经验告诉我，你能把身边的人，当自己孩子一样，去赞美、去找到他的优点，去认真倾听他、去充分授权，通常距离激励他就不远了。更简单的方法是曼德拉说的：我们的一言一行，有意无意传递了一项讯息，别人也可模仿我们的言行。

你有多燃，你身边的人就会有多燃，你有多丧，他们则会比你更丧。领导，不是好当的，激励他人之前，先激励自己。

the eleventh day

| 第 11 天 |

实施面谈

正义的人，在联友而攻敌的时候，最能利友而害敌。

——柏拉图

当我是标准版的小白时（非人力专业、半路出家），一次员工访谈让我成了公司小咖。进了一家快消公司，人还没见几个，总部交代：去做一次员工访谈，一周后交报告！

刚转型做 HR，怕露怯，访谈哪些人？访谈什么？为什么做访谈？有统一的模板吗？以前做过吗？统统不敢问，全靠猜。（反面教材，请不要学我，不清楚的时候，请一定大胆向发布任务的人提出困惑。）

分析时间：年底？做员工访谈？是为了评优收集信息吗？还是为了分公司头头脑脑的绩效考核收集群众反馈？

分析环境：最近发生了什么大事吗？业务正常吗？人员波动大吗？得出的结论是，最近确有大事，我们大区的总经理给调任了，新上任的总经理比我还新鲜。莫非此次访谈目的是侧面了解他的工作状态？不直接交代清楚，是因为这是个不可为外人道的秘密任务？

分析过去有无类似工作：交接清单中并无类似事件，翻查电脑记录，也无，看来是个新任务。

猜得有模有样了，最终还是要请领导下旨啊，按照假设1：为了了解新老大工作状态，假设2：是为了年度评优做民意调查，这两个迥异的目的，设计了不同的调查对象、调查提纲，呈报总部领导。

此处，你也可借鉴，当你对领导交代的事，把握不了方向的时候，可以提交几个方案大纲去试探，得到提点后再执行。领导会为你的认真以及对他的尊重，点赞。

第二天领导回邮：A计划很好。

A计划，是了解区域新总工作的方案。

方案有了，调查对象有了，可怎么破冰？这是一项正式的工作，用闲聊的方式不妥；快消的从业人员，都是油光水滑得不能再滑，让他们说真话很难；如何在进行访谈的同时，不让区域新总误会？

先见了区域新总，呈上访谈大纲，说明是一项常规工作，不是针对个人，解释每项提问的目的是想得到哪个维度的信息，并推测可能会得到的答案，且请教有无不妥。区域新总，很是重视，也理解77这一举动的光明磊落，非常配合：77，你尽情去吧。

第三天，第四天，按不同层级、职务、工作年限，一一找到访谈对象，开场：你说的我会记录下，作为依据向公司反映，争取得到改善；但你的个人信息只有我知道，并不会上报，所以，请你放心地说出你的顾虑吧；同时不论有没有改善方案，我都会把结果单独反馈给你。

意思是：你放心，你说的，只有我知道是你说的，但你的问题会得到上报，我并没有权限现在答复你，公司也不一定会改善你提出的问题，毕竟公司有解决问题优先顺序，但无论如何，我会给你一个交代。

通过我认真的言辞、微笑的脸、眼镜后面真诚的目光，员工聪明地判断，来者仅仅是一个第三方后，这是他们诉苦的好机会，但也不能瞎诉，对方拿着笔和本子，要记下的事，即使不记名，也要用得体的言辞在新 HR 心目中加分。

员工们表述了他们的现状，从现状中，我能推断区域新总工作是如何开展的，是否有效，员工是否配合等信息，但，我的推断仅代表我的，报告一列写反应上来的事实，一列写我的判断，不以我的判断代替事实。

第五天，事实和我的判断同时呈上，供领导参考，当然，为了领导一目了然，饼状图等简单图例是少不了的。离截止日还有两天，如被打板子，还有回旋余地。

领导回复区域新总，同时告诉我：附件是人资部某某的员工访谈记录，其中记录的问题第某某条，充分反映你近期的工作成绩；第某某条，请重视，尚有改善空间。文末：请某总、人资部某某，于本周五到总部进行转正述职与评定，祝顺利！

我和区域新总，莫名要提前转正了！从此区域新总待我如亲人，且借员工访谈的任务顺理成章跟同事们混了脸熟，去哪个部门办事都有人认出我，自此，一个小咖诞生！

1. 员工访谈如何聊出"干货"

shine 问：做员工访谈的时候，如何让员工无所顾忌地畅所欲言，让员工聊出事实，特别是我们想要的"干货"？

收到这个问题，我当即拍案叫好，为什么好？一句话不足40字，道出3个重要信息：如何无顾忌、说事实；是我们要的；少扯野棉花。

先排个序，员工访谈在 HR 的工作中很普遍，有时候是临时的，比如老大给你说：去，找小张聊下，了解下最近为甚工作状态不好？或者说：去，去业务部门了解下，为甚连续三个月销量下滑。也有固定的，比如定期的员工访谈，目的很多，比如：了解员工心态，了解员工对新变革的接受程度，了解员工敬业度或满意度。

所以，第一重要的是——目的。员工访谈也是沟通，还记得我说过吗？沟通最重要的是怀揣目标。

我的公众号中回复：沟通，如无意外，应该还有沟通模板。别看就一页纸，很简单，对理清说话思路很有效。

目标清晰了，设计访谈提纲，能得到我们想要答案的提问，我们提，增加几个烟幕弹，也有必要。比如，我们想了解员工对现行制度是否接受，我们可以问：1.现在计件的要求是200件一天，以前180件，现在提高了超额奖金，对于你，你觉得难不难完成呢，难的原因是什么，不难的原因是什么呢？ 2.你有没有算过，按照你的能力，这个月工资会比上个月多，还是少呢？如果少，有没有什么需要我们帮助的呢？ 3.（烟幕弹）对于食堂的伙食还满意吗？

为什么3是烟幕弹？涉及钱、吃，没有一个人会说满意，谁都会觉得钱少，食堂伙食差。所以，不要问"你对薪酬满意吗？"一百个人，一百个不满意的问卷上来，你是要气死老板的节奏，员工访谈结束，你也"挂"了。

但如果你觉得时机成熟，可向公司提出适当调薪，和钱相关的问题也是可以问的。

总结：想得到有效信息，就要设计合适的提问。

继续排序：第二重要的是事实。

员工或因为教育程度的差异，或因为无时间搭理你，或因为畏惧打击报复，绝大多数人在访谈中会敷衍你，这是真的。让他们打开心房的条件：

1. 获得信任：你说的我会记录下，作为依据向公司反映，争取得到改善，但你的个人信息只有我知道，并不会上报，所以，请你放心地说出你的顾虑吧。同时不论有没有改善方案，我都会将结果单独反馈给你。这句话是我常用的开场白。

2. 在时间上、环境上营造轻松，不要让一个接待客户的员工丢下客户来访谈，不要让一个生产线停工来访谈，午休时间或下午刚刚一上班，个人觉得是合理的时间。访谈建议1对1，没有旁人，才敢说真话，1对多，你就等着听场面上的话吧。

3. 针对不同教育程度的员工，用他们熟悉的语言，车间大姐，就用大白话，博士，就用央视新闻开场白，但无论如何有一点是一样的，简单明了，不要加过多形容词，把问题说清就行，加了形容词就有倾向。比如："请问，你觉得你们部门的员工工作积极吗？""积极"，就是个形容词，被访谈的员工就会猜测：你在暗示，你发现了他们部门不积极的问题。你可以问："近一个月来，你们部门的工作氛围什么变化吗？"给一个论述题，而不是一个选择题。

最后一个关键信息：不扯野棉花。其实就是一个如何控制访谈节奏，如何让对方围绕一个话题，不要跑偏，或者说，有人情绪太激动你如何控场。

1. 当对方提到非访谈话题时，你可以及时打断，微笑着说：嗯，你说得很棒，然后再把你刚问的问题重复一遍或深入追问，把话题引回来。

2. 当对方情绪激动时，记得我在沟通课讲过吗，身体的变化会引起情绪的变化。给对方倒杯水，交换座位，让对方的身体有变化，他的情绪会随之变化。

3. 不妨适当地停顿，用留白，给访谈者思考的时间和思考的压力，不用怕冷场（此套路，面试时同样有效）。

关于员工访谈，今天先聊这么多吧，确实是个好问题，看似平凡的日常工作，仍有很多小技巧。

2. 绩效改进面谈

如果我们是领导，在对表现不佳的员工进行处理的时候，我们首先要搞清楚，他是故意不合作，还是他的心智受到自己认知的限制，还是能力有限。员工胜任能力是一个岗位的基本要求，每个岗位又有不同的胜任能力要求。但是，如果你公开质疑一个人的能力，你就在刺破他的自尊心，一个人自尊受到伤害，就会有反击的行为。

又有人提问：每次我安排下属做事，他总说他在忙。

我的建议是，他让他写下每天，每周和每月的工作日志，彼此能让你们更了解对方，我这句话的潜台词是什么？也许他真的忙，你先去了解他在忙什么，有没有更好的方法，他忙的是不是你觉得的重点，他的重点工作为什么和你理解的不一样。

也有一个小伙伴问我，有个下属总觉得自己很行，对领导的指导不领情，培训课上玩手机，觉得自己都知道。

我理解问这个问题的朋友，你眼看一个你在乎的人弄巧成拙，你可以清楚地看到他需要什么来改变状况，但问题是，为了试图帮助他，你说得和做得越多，效果却适得其反，这是为什么呢？是因为那个人没有得到足够的安全感来倾听你的劝告。我们大脑会进行比较和解码，来判断谁是朋友，谁是敌人，在这种状态下，如果判断出谁是同类，那这样的人就是安全的。要想让你被你的团队成员解码为只是另外一只大白兔，而不是狮子，他们的大脑就必须把你看成一个同类，因此，要建立和谐的关系，我们要像镜子一样反射与我们正在相处的人，你想想看，你对小婴儿笑，他们也会模仿你，对你笑，夫妻越来越像，也是这个原理。

你在会见一个人的时候，如果他身体后仰，你也采用这种姿势，如果他身体前倾，你也这样，他说话慢，你也可以慢一点，他说得快，你也快一点，如果一个人在谈话中总用到，"我感觉"，那你也可以用感觉这个词，如果他喜欢用"我判断"，你也可以用判断这个词，让他觉得，原来你们很像，心理不再排斥你，就能慢慢接纳你的建议。

下面我们举个例子，一个朋友刚到一家新公司，手下有位招聘专员，虽然一年只找到3个人，但觉得自己做得挺好的，跟他谈工作总有很多借口。

我的建议是，准备进行四次面谈，第一次，询问他，你有什么困难吗，也许这个员工正失恋，无心工作，如果他回答没事，你就提醒他，他应该按时间节点完成工作，如果需要，可以用甘特图做出工作时间进度表。如果他回答是的，最近家里有事，你就要尽量帮助他渡过这次个人危机，可能你需要减轻他的工作负荷。

第二，你问，你觉得你的工作太繁重吗？如果他回答是，你帮助他看看哪些无效工作占据了时间，如果他回答不是，你继续问他今后想如何改善工作，承担职责。

第三，如果还是表现不佳，你问他你现在的岗位是不是对你来说太吃力了，要考虑是否给他调动岗位，安排到一个比较次要的岗位上去。

如果表现仍然不佳，你可以问：你还真的想在这里工作吗，如果他说他无所谓，可能他自己会提出离职。如果他说他想继续留在公司这个岗位，你可以设置一个劝诫期，一周或两周，告诉他应该立刻开始证明他能有所改进，如果劝诫期结束，还是依然如故，毫无改善，就可以请他走人了。

这四次谈话，一般我用到第一次，第二次效果就很好了，除非能力非常差的人，他自己通过这几次谈话，也能感受他你在帮他，会判断是自己不适应岗位，主动提出转岗或离职。还有一种就是真的是工作态度不好的人，谈过三次还是没有改善，就要设置劝诫期了。也就是最后期限，多久之前还没改善，咱们就一拍两散。

tips: 建立公司明面上的沟通渠道

HR 小唐汇报：公司没有正常的沟通机制和渠道。我听的小道消息太多了，听得多，却没解决那么多。遇到员工找我吐槽，是不是直接跟她说让她去找当事人就事论事说清楚，或直接向分管领导去沟通？公司长期形成了这种私下沟通的生态环境，如何再去改善，建立明面沟通环境呢？

我这么回复的：帮助公司建立明面沟通，没有正式沟通渠道，小道消息就会满天飞，与其路边社，不如新华社。企业生态，跟鱼塘似的，环境不好，再好的鱼苗和设备，都白瞎。明面沟通这个适宜人类居住的环境怎么建立呢？

1.给老板慢慢洗脑，他老人家首先要明白并执行，不能偏听偏信，不能越权受理员工投诉。

2.制度上建立程序，可以做一页纸的《公司内部沟通指引》，告诉员工：

（1）我们公司的沟通方式有：内刊、墙报、电视片、意见箱、员工欢迎日、建议会、茶话会、郊游、舞会、展示墙、公司名人沙龙等等，我就随口这么一说，你们自己总结公司已经有的形式，增加几个你觉得能增加的形式。

（2）欢迎你在员工欢迎日向人力资源部交流、反映情况，提出意见。

（3）建议公司各部门可以选择性采用部门沟通日，人力资源部负责提供茶水（部门自己有沟通方式，找你麻烦就会减少，他们自己消化了）。

（4）同时，此指引的最后一条：员工申诉流程，当员工有工作上的不满可向主管提出申诉，在任何情况下，保证员工不会因为申诉的提出受到处分。

注意事项：

在接待员工交流时，建议两人接待，除非员工提出要单独沟通（人证）。向员工表达：我会做记录，你需要匿名就匿名，想实名也没问题，关键是，我的工作要求我必须记下来呈报上级（物证）。

因为要正式，想不负责任瞎叨叨的人，就会慎重。

以上细则，我想很多人都有类似惨痛经历，员工向你抱怨谁谁谁了，你去核实情况的时候，员工信誓旦旦地说，他从没有说过，留你在风中凌乱（有时候，员工是怕上级打击报复，所以，你的核实动作要更有技巧）。

有了制度程序只能代表公司提倡什么，要用公司行为上的改变向员工证明这种提倡不是一时拍脑袋。我们总想着员工行为改善，公司行为是不是也要变化？

1.指引下发前的培训，告诉大家为什么有这个指引出台，要点是什么，我们希望能做到态度真诚、尊重事实，处理问题时明确、及时回复。

2.执行中的观察总结。

3. 与头头脑脑聊下指引的实用情况，便于你修正指引。

总结：逐步完善，不用一蹴而就，减肥减得快，一定伤身体，美白效果好，一定有不良添加剂，企业管理也是这样。

一、过渡期应对员工抱怨

判断抱怨的出发点，一种是信任你，希望你能解决问题。除了你已经在做的做法，增加"我要记录哦"，会拦住一些抱怨，留下真的问题。

我们在处理信息的时候，脑图是这样的：所见所闻—主观臆断—形成感受—采取行动，人人都这样，并不是你特别，不要难过，因为主观，所以才是人啊。但我们可以做的：了解真相，尽量客观。

题主，从别人口中，从自己的观察中，得到他性格强势，说话不太注意方式方法的结论。这事除了汇报领导还可以？

1. 考虑新晋经理的管理技巧培训。

2. 考虑团队协作沟通的培训。

你收到了风声，你采取了行动，这些已经是你能做的了。

二、单纯性抱怨

这种情况简单，微笑不语，不发表任何言论，否则向你抱怨的人会曲解你的话去传播，变成你说……这样的教训也非常普遍。人都会有情绪，情绪找你宣泄了，对公司是好事，员工舒服了，工作成效更好。可对你不是好事，我们HR 凭什么是垃圾桶呢？

设置宣泄渠道，比如小型活动室，哪怕一个拳击袋，两张瑜伽垫，三个飞镖，也能让我们变垃圾桶的几率少很多，不信试试看。

the twelfth day
|第12天|

管理下属

人类本性中就有普遍的爱美的要求，对于美的看法是非常复杂的，几乎是各人各样的，所以关于美和审美鉴赏力，就不可能得到放之四海皆准的普遍规律。

——黑格尔

新晋管理者，最大的苦恼除了升职不加薪，就是不知道怎么管人了。有的人因为难为情，有的人担心对方不服，有的人怕自己做得不对，有的人紧张，我也一样，第一次当管理者比第一次当妈妈心里还没有谱些。

在摸爬滚打中，我弄明白了四个问题，1. 管理是什么；2. 管理手段是什么；3. 管人是什么；4. 我凭什么管人。

管理，名词解释是通过管理手段达到目的，中华语音博大精深，通过拆字，我发现，"管"是个个都是官。官又是什么？是一个屋檐，两个口，是两个人在一起交流。管理手段又是什么？

▶▶ 管理手段又是什么呢？

计划
（目标的设定和分解）

组织
（配置资源＋指挥＋实施）

效果评估＋结果运用
（比如奖罚）

过程控制
（检查＋监督＋协调）

IDEA

通过以上推导，不难得出一个简单到惊人的答案！管人，是通过上述手段、和人沟通、利益共享、达成目的。

而我凭什么管人？首先，按照彼得原理，员工总是被提拔到他不称职的位置，极有可能我就是不称职的、没能力的，但坐上这个位置，管理就是岗位赋予我的责任，我推卸不掉，不得不扛起来，尽量让自己向称职靠拢；其次，如果我们学会了上述管理手段并且清晰知道我要让别人干什么，且会帮他用最好的方法去干，我就能美滋滋地管人了。

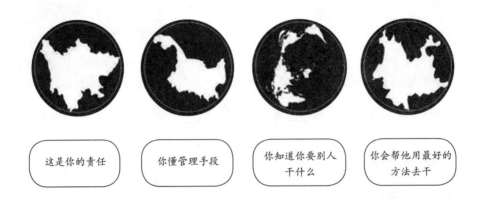

这是你的责任　　　你懂管理手段　　　你知道你要别人　　　你会帮他用最好的
　　　　　　　　　　　　　　　　　　　　干什么　　　　　　　方法去干

1. 夹心饼干的苦恼

　　"最近领导让我批评我的一名下属，这个下属工作能力一般，虽然不会出什么大的纰漏，但也并不讨喜，平时说话嗓门大，做事比较直接，不爱多干活，和其他同事的关系也不好，有些同事反映到领导那边，领导希望我能严肃地批评她，我也不知道该怎样和她沟通，才能让她既认识到错误，改正缺点，又不要伤到她的自尊心。"

　　和我共过事的人，都说我护犊子，这不算正向评价，意思是：我太护着下属。但在我看来，你连自己的兵都不护着，谁肯为你卖命打仗？类似我的孩子，只能我教育，当众，我绝对不批评，即使错，我也护犊子，回家看我怎么收拾你。

　　问问题的朋友，我看出来了，你和我一样，是个善良人，可你没我有心机。

　　遇到这个问题，首先，我要问领导：1. 谁反映的问题，什么途径反映的？

是按公司沟通程序走的吗？如果不是这样，对吗？是不是应该先向我反馈，我不受理再向上？ 2.如果只是私下闲话，我也希望先跟我说，我是那么听不进意见或建议的人吗？领导越我的级，听别人的闲话，这不是公司倡导的，否则闲话漫天飞，谁还采取正常沟通渠道，正常沟通渠道成了摆设，对公司信息的管理就成了摆设。

问题问完了，表明我的态度了，我会找领导要打小报告者名字，并明确说：我会先与他核实情况，并将问题处理的结果跟他反馈。

这种情况又分两种了，一种，这人是部门外部的，继续第三问，我会继续问领导：是我的下属与他们配合工作没做好？那也应该是先告诉我，而不是直接上报，直接上报是不是显示跨部门协调能力极差？当然，我也有问题，我没有及时发现跨部门工作的不协调之音，谢谢领导知会，我会马上处理。

如果是部门内部的，算我栽了，下属直接告我小黑状，不论他告状的人，到底有没有问题，我的管理，先有问题！我会马上跟我的领导认错，是我带人不善（打报告的，和被打的，我都没带善），给您添麻烦了。

下面再谈怎么和能力一般、嗓门大、不多做事的下属谈：说实话，能力一般，嗓门大，不多做事，真不是错（我的真心话，怎么嗓门大、做事直接、不多做事也成了缺点，我至今没搞明白问问题的朋友在一家什么样的公司，活要自己抢着做，不是合理分配来做）。

融不进集体是错。咱们一起分析下，为啥你和大家之间总好像有点什么隔阂呢？

第一种可能：你少做了，他们多做了，不开心，这是我分配工作不公，我改，和你没关系。

第二种可能：小细节上你太计较了，嗓门大，显得太强势了，但这些都是你的个性，改不了，我们看看，你还有哪些优点可以把这些不讨喜的个性盖过去。

第三种可能：不是工作上的配合让大家不融洽，是个人习惯，你想想，有哪些事让大家心里不舒服又没说出来，我们一起来想办法。

那个告状的，我也会找来谈：

第一，为什么不直接跟我说，如果是我给你这个错觉，是我不对，我改，希望以后有事和我商量；

第二，为什么对同事的不满，不直接对他表示出来？哪些事是你们觉得和他沟通了也无效，我去协调；

第三，一个团队，一定是什么样的人都有，才能互补，有能力一般的，也有二班的，净是精兵强将，那也一山容不了二虎，有冲锋的，有断后的，打的是配合战；

第四，如果是我分配工作不公，是我的错，希望你直接指出来，我也是人，也有考虑不周全的时候，分配工作前，以及工作中，随时可以向我反馈，进行调整。

管理，没有不伤和气的，伤一时和气，保团队战斗力，是正理。下属的问题，一定是管理者的问题，先想想自己是不是因为被打小报告的爱讨价还价，你不太好分任务，而把活倾向分给一贯听话的？或者因为他能力不强，而把更多的活分给能力强的？你为什么没有在领导跟你说之前，发现问题、解决问题？

如果你觉得以上问题都不是，那就回到文首，去大胆问领导问题，护好犊子。

另，我不知道你的个性，只能按我的个性来提建议，如果你不是我这样的辣妈派，可以只选择黑体字以下部分。

2. 领导不等于权力

邻居家的小朋友只有4岁，每当别人问他，你妈妈是做什么的呀，他总回答，是经理……

再问他，那你妈妈是管什么的经理呢？他会回答，经理就是经理呀；如果问他，你以后要做什么，他会回答，当经理……

具体是管什么的经理，他更不知道，对他而言，重要是当领导！

我猜，他其实想表达：我长大了，要指挥别人，要能发号施令，不用再听奶奶的话，想什么时候看电视就什么时候看，不想上幼儿园就不去，他想能自己决定一些事。

有时候，我们想当经理，也许只是想自由点，或者说，想指挥、支配、命令别人，让别人服从自己，受到他人的尊重，让自己觉得很重要，这些理由，让我们想成为管理者。

在我们儿时的游戏中，总有一个喜欢发号施令的人，就像我们的同学中，总有一个胖子。这个人，喜欢权力，喜欢指挥别人，但他的指挥能让游戏愉快进行吗？好像并不可以，最终大家不欢而散。

领导者，到底怎样才能做好管理工作呢？

继续回忆我们的童年，在我们的小伙伴中，总有一些意见领袖的人，或者说民间英雄，他会总带来一些新想法，提出新方案。

有时候，这样的意见领袖也会被我们攻击，因为他的某个点子被证实是错的，我们就会怪他，既然他是意见领袖，他就应该对一切负责！所以，领导，也是一个风险很大的工作。

人群中更多的小伙伴，不愿意当领导，更愿意服从别人，他们觉得按照命令做事感觉更好，正因为有了不同的分工，所以，有了员工和领导，领导的首要任务，不是出点子，不是协调工作，是负责任！

对别人负责之前，先学会对自己负责，明明知道吃多了会胖，但你太好吃了，于是你的欲望领导了你，我们体内总有些比我们还强大的东西，比如拖延，比如害羞，比如恐惧，我们无法对自己负责，何谈对他人负责呢？

3. 我们不是人民币

"情况是这样的，我在一家民营企业做 HRM，属于那种脾气不怎么好，对工作比较严谨的人，平时不怎么喜欢和下属聊工作以外的话题。所以我们办公室的氛围比较压抑，我的下属们也不怎么喜欢我，因为他们觉得我很冷。其实我也希望能和他们几个打成一片，有的时候看到几个下属聚在一起聊八卦，我也很想加入她们一起八卦，可是这和我的一贯风格不符，而且如果突然改变会感觉很尴尬。"

下面一段为大白兔77同志的内心 YY，但基本属实哦。

"情况是这样的，我在一家企业做 HRD，属于那种脾气还不错，对工作算严谨的人，几乎不和下属以及任何同事聊工作以外的话题，所以……"这个所以写不下去了，因为办公室氛围压抑和脾气、工作风格没啥逻辑关系。

"我的下属应该不怎么喜欢我，因为……"这个因为也写不下去了，因为冷面和不喜欢也没啥关系。盗墓里的小哥多冷，但多少人喜欢。

"我猜，我的下属不喜欢我，大约是因为我太严谨，要求高。"这点我有9成把握，不被喜欢。谁都不喜欢多做事吧，严谨的要求，必然带来工作任务难度系数增加，无疑会增加工作时间，减少偷懒时间，自然，这和我是冷是热没多少关联性。

"有时候看见几个下属聊八卦，我一点不想参与进去，我不想改变自己，让他们喜欢，又不是谈恋爱。"

好了，以上YY想说明我的观点：改变自己，是个吃力也讨不到好的事，貌似也几乎不可能改变，让人喜欢，是自我的一种心理感受，喜欢不喜欢，你都在那里，世界上，被喜欢的领导，颜值是前提，应该有一定水准，参见偶像，且喜欢偶像，这种盲目的喜欢，还见仁见智，萝卜青菜。

从下属或者一个干活的人的角度，不能因为不喜欢就不把活干好，但会因为办公室氛围不好，而干不好活，这是真的。

一个脾气不好、严谨的、不聊八卦的人，如何营造舒适的办公室氛围？个人觉得，这才是解决问题的关键。

不知道提问者结婚没有？家庭氛围如何？如果家庭氛围不错，可参考如何在家中营造舒服氛围，套用在工作中；如果不是你的功劳，同理，工作中找出这样一个人代替你做这项工作。

如果未婚或者家庭氛围也不咋地，咱们来想想：工作氛围是什么？大白兔77的个人观点：所谓氛围，是一种气场……

解决方案之锦囊：

开启本锦囊请务必慎重，估计会烧脑24小时以上。

1.能使下属发挥主动意识及工作欲望（如何做？做的频率？什么时候开始做？下同）。

2. 能正确地评价下属的能力及适应性，并引导正确的方向。

3. 能正确地掌握每个下属的优缺点，并告知本人。

4. 能利用刺激或更换工作的方法来消除职业倦怠症。

5. 能明确公布应达成的目标，并使每个人皆能达成。

6. 能积极地透过实际工作培育下属。

7. 透过授权，使下属发挥能力。

8. 不会雪藏优秀的下属，一有机会必将提拔下属。

9. 计划性地与下属接触。

10. 慎重考虑斥责下属的场所及时机。

以上10条锦囊妙计，大白兔77同志只是提出一个方向，站着说话而已，如何做到细节化、可操作化，需要你逐条制订行动计划。你能提出这样的问题，一定是有自省力、内涵较深的人，还不爱八卦！多么难能可贵的品质！不管别人喜不喜欢，我喜欢你！

4. 在男领导手下做事好，还是在女领导手下做事好？

总有人问在男领导手下做事好，还是在女领导手下做事好，就像总有人撩小孩，最喜欢问：你是喜欢爸爸，还是妈妈？谁这么撩我家孩子，我都会反问他：你喜欢自己的左手还是右手？

在男领导手下做事好，还是在女领导手下做事好，这个问题跟问：在胖领导手下做事好，还是在瘦领导手下做事好？是类似的。领导是胖是瘦和你的工作有关系吗？领导是什么性别和你的工作有关系吗？

领导，有不同的工作风格之分，但不会有性别之分。

E领导，做事果断，不拘小节，跟他能学到东西，但得罪人；F领导行事细腻，关心下属，没有魄力，跟他工作没有成就感。请问，这些结论从何得来呢？

第一，学到东西和得罪人没有必然联系，可以既学到东西，又不得罪人，人是领导安排你去得罪的？还是你自己的工作不得法？

第二，或者，是领导自己把人都得罪了，你做小弟的跟着遭殃？有不跟着遭殃的方法吗？

第三，所有男性领导都是把人得罪完的吗？换一个男性领导也是这样吗？全世界的男人都是做事果断、不拘小节，且得罪人的吗？

问到这里，你自己是不是笑起来，哪有全世界男人都这样，领导得罪人，我可以不得罪呀，所以呀，你以一个男领导作为整个命题的样本，好笑吗？某餐厅的龙虾好吃，不代表全部的菜都好吃，也不代表每次龙虾都好吃。

第四，做事细腻、关心下属就是没有魄力的表现吗？

第五，他（他，在这里，按照现代汉语词典里的解释，泛指所有人，不带性别色彩）是否关注每个细节，不重要的细节也关注呢？还是说，你觉得不重要的，他也关注？还是你觉得不重要的，他觉得重要？

第六，就算没有魄力，关注不重要的细节，一定就办不成事吗？

问到这里，你是不是又笑了，他只是把我的工作安排得太细，让我没有自己发挥的空间，所以我没有成就感。是不是这样？如果是这样，你能超出领导的期望完成工作吗？或者说，你能表现出来，你比领导想得更周全吗？如果你具备这个能力，他还管这么细，这样的领导风格怎么破？

兄弟，你最后想问的是不是这个问题，而不是在什么领导手下更好？领导你有选择决定权，再问自己在什么领导下工作好。你如果并没决定权，操这个心干吗呢？就好比你为难：这二胎，我是生还是不生好呢？这决定权大部分不在你，在你老婆。更何况，你连一胎都没有，更甚至，你连老婆都没有，想得有点远了。

职业旅途中，会遇到形形色色的同伴，其优点为我所用，其缺点巧妙回避，学会和不同的人相处之道，可比你研究男、女有意思得多。

77继续模拟出来的附加题，自问自答。

第一题：如果我想问题很周全，领导还是管很细，让我没有发挥空间，怎么破？

77答：用事例取得领导信任，让他逐步放权给你。

第二题：如果领导行动计划慢，而我是个想快速看到结果的人，怎么破？

77答：上一任领导怎么调的？是升了，还是降了？为什么换现在这一任领导？说明什么问题？有时候，慢不代表没有魄力，慢，拖了工作进度，那是没魄力，慢，达成了工作结果，那是胸有成竹的掌控力。你的领导是哪一种，提问中提供的线索不足，我不能判断。

第三题：领导就是没有魄力，完不成部门工作结果，从他身上也学不到什么，怎么破？

77答：如果从各种证据表明，头儿真的不行，是挺苦恼的。一种可能，你很行，且低调，默默被更上级看中，顶了他的位置，恭喜你；一种可能，你因为部门绩效低，而乏人问津，郁郁不得志，这也是有可能的，领导压了你，你也不能强出头，那或等领导被换或你自己伺机而逃吧；至于学不学得到东西，这个事，真不在领导，他行不行你都能学到东西。

tips: 连自己的头儿都当不好，怎么能当别人的头儿呢？

领导，不是指挥别人，上面讲过啦，但有些人就是想指挥人，怎么破？先指挥好自己！

明明知道吃多了会胖，可我们还是把自己吃撑，明明知道追剧不如看书，可我们还是追剧，真的，道理都懂，就是不能控制自己，哎。

其实，正是因为我们的内心有无数的大大小小的冲突，所以，我们常常被恐惧、纠结、不安、拖延、贪吃等等控制，我们并没有能够指挥自己。以下管自己和管别人的招数，个人经验，仅供参考。

1. 提高自己的综合判断力。

第一，必须有获取全面信息的意识。不收集相关信息就乐观盲目地作出判断，是管理者的大忌。信息不全，判断便难免失于偏颇，一旦作出错误的决定，后果就不堪设想。所以，管理者在不断的观察和交流中，对企业内外的信息要做全面的调查，听取不同人的意见，让自己保持一个宽阔的视野，始终用全局观去做整体计划。

第二，了解最新的市场和管理趋势。管理者更需要充电，了解企业管理领域最新的知识，掌握最新的技能，还要通过对企业运作的观察，来调整自己的管理策略。员工需要成功，管理者更需要成功。而成功的前提就是学习，是努力地向上攀登。从员工的角度看，他们也希望领导更优秀，并且会学习领导的成长模式。

2. 管理者的"决策能力"具体指什么？

第一，决策的本质是拿主意，定方向。管理者在管理中要针对不同的事项作决断、定出方向。管理者首先是决策者，决策是计划的前提，同时也是做计划的目的。

第二，重大事项自己决策，其余事项授权决策。管理者应该尽量只抓住重大事项的决策权，以定方向和方案拍板为主，余下的工作都可视情况授权给得力下属去做。很多小事会变成一件紧紧捆住你手脚的大事，让你疲于奔命，焦头烂额，耽误对重大事项的处理。

3. 想得到真实信息，管理者应该怎么做呢？

第一原则，亲和力。亲和力就是放下等级、权威这些代表身份的东西，在适当的时刻像朋友一样和员工相处，与他们交心，关心他们的生活，表扬他们的工作成绩，鼓舞他们的信心。获得员工的信任后，你就能接近和了解他们，有机会看到不一样的事实，听到不同的声音，并且发现隐藏在事物表象底下的企业存在的问题。

第二原则，多渠道。拓宽信息的来源，增加收集意见的渠道，不要只听信一面之词。从不同的角度、不同的人那里了解企业的情况，分辨别人看不到、听不到的情况，把多渠道的信息汇总起来进行分析，再得出你自己的判断。

真实信息不是下属向你汇报时说的，而是他没说的。下属不会把最要紧的东西告诉你，这是我们在社会生存的基本法则之一。我们对自己的工作情况挑挑拣拣，加工以后再将"好看"的一面呈现给管理者。这就是为什么不少人，虽然投入了很多精力，可还是不了解基层的情况。

4. 谁可以教会你如何对待细节？

爱学习的你，应该听过无数的课吧，记下了丰富的理论，却在现实操作中恍然大悟：我学的这些东西狗屁用都没有啊。为什么？老师讲得不好？No！

是因为没有一个人可以教会你如何对待细节——自身公司在经营和管理中

出现的实际问题。细节不同，问题一定不一样，解题方法也一定不同。

在实践中，你一定会发现，细节问题确实比较"烦人"，细节问题的处理十分考验决策者和执行者的心理耐受力。而教会你如何对待细节的只有你自己。

5. 制订流程管理（白纸黑字）。

避免口头计划和约定俗成的潜规则，把流程管理的一切问题都形成文字、图表，把妨碍整体计划执行的所有因素都找出来，再解决它们。

确定责任人，不同的部门和工作环节，权责都要具体到某个人。

6. 避免内耗。

企业既然是利益群体，就必然有利益分配导致的内耗。人人争利，人人又自私，决定了员工在面对利益诱惑时会本能地采取自私的行为。做好利益分配，能减少不少内耗。

7. 如果工作总是没有头绪，你应该走出办公室。

聪明的你，应该看出来，此条加粗，说明是我极力推荐的最简方式。

请务必尝试，把上文中与"工作"相关的词，替换成你生活中的内心冲突，嗯，奇迹会发生的。

the thirteenth day

|第13天|

那些两难的问题

问题是循环和不可避免的，同你结婚的人就是可能会同你打架的人，你买了房子就得负责修缮，你梦想得到的工作却有可能让你压力增大。一切事物都具有两面性：良莠参半，悲喜相随。

——《重塑幸福》

　　讲真，活着的压力真的很大，每次高强度的工作告一段落后稍作喘息，我天真地以为终于可以品尝幸福，而幸福时光总是那么短暂，短到我怀疑我是不是一个特别的人，老天给我的磨砺怎么没完没了。活到某个岁数，突然想明白了，这就是人生，对谁都一样。

　　某个小妹妹长假前给我荐剧，好看啊，可惜是直播剧，请以后不要推荐未完结剧给我！

　　每当一周后剧集更新，我已经忘记上一集的剧情。我重新审视着男女主角之间的感情线，企图推导大结局，每一集猜想的大结局都不一样。情感也是个累积过程，每一集都在攒积分，我忘记了前一集加的分或减的分，故事走向就变了。女主问当检察官的男主：你有两个选择，要求尸检，而这样就会有7个原本能得到器官捐赠的患者逝去，或者你不要求尸检，这个官司就会因为证据不足败诉，放过一个杀人凶手，1个人和7个人，你怎么选？看到这里，我好激动，这么难的题，要怎么解答？

　　剧集都是浪漫的，男主选择了尸检的同时捐赠器官。我们的人生也一样，有时候，AB 只能二选一，有时候 A 和 B 可以多选，有时候又会找到 AB 之外的 C 甚至 D。

那些两难的问题，总会困扰我们很久，有时候我们会强迫症般，如高考解题般，一定要找到唯一的正确答案，而何勇在1994年就唱到：是谁出的题，这么的难，到处全都是正确答案。

而我后悔没有早点听懂。

1. 公平，首先是个分配问题

问题：老员工觉得新员工抢了他们的待遇才导致不能涨工资，新员工认为内部薪酬福利都向老员工倾斜，心里也是极度不爽。这种情况下薪酬福利如何才能做到内部公平？

晚餐，儿子有汽水肉，爱人没有，他说：这不公平。第二天晚餐，一人一小碟虾，这总公平了吧，爱人说：他尿酸高，不能吃虾。你有我没有，这不公平，你有我也有，还是不公平。

2011年4月20日，十一届全国人大常委会第二十次会议召开，个人所得税免征额拟调整到3500元。2011年6月中旬，调查显示，48% 的网民要求修改个税起征点。2011年6月30号十一届全国人大常委会第二十一次会议通过了关于修改《个人所得税法》的决定。

我们对高收入者征收更多的税，用这部分税款实现再次分配，个人所得税这条规定，就是为了建立公平公正，它是通用的，对每个人都是公平的，同时，它也不是某些人决定的，是大家开会决定的。

人类用劳动创造了世界，从最初的自给自足，到劳动成果交换，从以物易物，到等价货币，从本源讲，我们之所以工作，是我们的劳动成果让世界更美好，我们也可以用自己的劳动成果换取别人的劳动成果，让我们的生活更舒适。

贯穿始终的钱，只是交换货币而已。

回到文首的问题，老员工不能创造更多价值，而享受更多劳动报酬，这显然是不公平的，新员工创造更多价值，而不能享受更多劳动报酬，显然也是不公平的。一刀切又会带来老员工反弹，遇到这样的情况，多数企业会启用外援，借外来的刀，做手术，做完即走，坏人别人去做，所以，才有那么多咨询公司有饭吃。

如果一定要我们内部管理者自己动手术怎么办？

一种温和派：新人新办法，老人老办法，逐渐向新办法过渡。温和派能最少触动大多数人的利益。不能解决公平，但能掩盖不公平，企业承担改革成本，逐渐过渡。

一种作死派：科学地制定相对公平的薪酬政策，最大化地体现薪酬的本质——公平分配与激励。但实际效果，往往死得很惨，老员工一哭二闹三上吊，要么，你动完刀，领导将群众怒火转嫁于你，你成了烈士，要么，等不到成果，已经在斗争中阵亡。

一种唐僧派：各种思想动员大会，分不同的地方分肉，可世界上哪有不透风的墙呢，越不让人知道，越多人知道。每个人都会拿自己付出与收入去比较，也会和自己周边的人比较、和其他部门比较甚至和集团内部其他公司比较。

还有一种是自成一派，比如77。如果77做这个事，不会拿学院派的岗位价值评估、工作分析入手，设计新的薪酬体系，为什么？咨询师可以这样做，也有效，你在企业内部，你这么做，孤军奋战，难度系数太高，稍不慎，就左右不是人。

我会赌。

公司倡导什么，政策就向哪一方面倾斜。从上面具体问题的分析，新员工的薪酬外部是公平的，与市场持平，仅仅是内部不公平，短时间我也不能消除不公平，那就在其他政策倾斜。比如更高的销售提成、更高的费用权限、更灵活的市场计划制定权限等等，让新员工干活更舒心更放得开，成就更大。拿钱多出活少还唧唧歪歪的，咱们不卡，也不理会，任其自生自灭。

其中一部分自我觉醒的，不想混日子的，会动物般敏锐地察觉公司导向，会积极向新员工靠拢，等你的正导向阵营扩大化，这个时候再来动刀子，就砍福利，不动薪酬。福利，非固定报酬，是可按公司盈利情况变化的。锅里没肉，碗里哪会有肉。

我敢赌，因为我知道老板足够信任和支持我，另外，我有其他政策的建议权，通常也能建议成功，我更有对形势的判断力和迅速应变力，有信心让形势朝我预测的走。你能不能赌，要看你的实力。

所以，薪酬内部公平这个事，确实是难题，因公司情况不同而不同，也因操刀人不同而不同。爱人说没汽水肉不公平，我立马给他半块腐乳，也下饭，你吃不吃都得吃！

2. 什么样的领导才值得跟

古希腊某哲学家说："啊，世界上什么事最容易？是给别人提建议啊。"这么容易的事，77不想做，我不给你提建议，我就问一个问题好吗？

我问你呀，如果你现在还没有男（女）朋友，什么样的男（女）人值得交往呢？你能答上来吗？我能赌一百块，你回答不上来吗？

艾宾浩斯，是不是觉得眼熟？对了，就是那个提出著名的遗忘曲线的德国人。他还有个非著名的发现：艾宾浩斯错觉。正因为艾宾浩斯遗忘曲线太著名了，以至于遮蔽了艾宾浩斯错觉的伟大，此句颇有深意，你往下看便知。

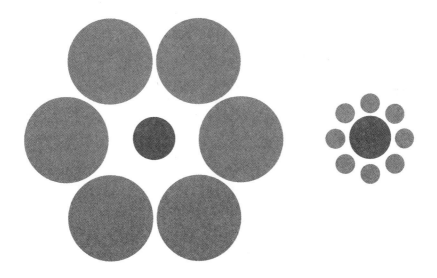

中间两个圆，其实完全一样大，但为什么被大圆围绕的圆就比被小圆围绕的圆还要小呢？说明什么呢：

1. 说明我们人的认识是有局限性的，我们的大脑在加工信息后，可能会反映出与客观事实相悖的结论。所以，领导好大喜功、抬高身价、高高在上也许并非客观事实，也许只是你的感觉？

你可能会反驳：不是错觉嘛，他怎么怎么怎么，说明他就是……研究别人没意思，有那个时间，我们研究点更珍贵、更重要的，请往下看。

2.说明我们判断事物其实都有着自己的参照物，比如，你问到什么样的领导值得跟，参照的就是你的喜好。你是要跟着领导升官发财？还是跟着领导自在逍遥？还是学习成长？我们不得而知。我猜，你可能也并不清晰，总之，不是办公室恋情，这个是一定的，这点，我和你都能准确说出来。

3.心理学上有个"镜像自我"，与上述观点类似，他说的是，与我们的自我认识有关的，不是别人实际上怎么评价我们，而是我们觉得他们怎么评价我们。

综上所述，提醒我们什么？如果，你把"自己"这个参照物弄明白了，你的世界就清晰了，至于什么样的领导值得跟，什么样的男人值得交往，都不是事，你统统会有自己的答案。你觉得别人怎么评价你，也不是个事，反正他怎么评价，和你怎么觉得，也不是一个事！

回到上面：跟着领导升官发财？还是跟着领导自在逍遥？还是学习成长？领导和你，就是领导与被领导的同事关系，求人不如求己，跟着领导想怎么样的任何观点，我建议你都放弃：遇到了是捡到金菡萏，没遇到自己也是玉芙蓉。

我是不是说了"建议"两个字？我居然没忍住，把世界上最容易的事做了！那我继续建议：如果这个领导让你觉得不舒服，管他什么原因，我觉得你可以有机会就换领导。不管是领导还是同事，总之，是要8小时相处的人，能选择，我们还是选择让自己舒服的。

至于什么样的人，让你舒服，这，就是世界上最难的问题了，也是古希腊哲学家说的："啊，世界上最难的问题，就是认清你自己啊。"

什么样的领导是好领导，77可以说上三天三夜，研究领导力也算本人工作之一。但和这个话题没关系，不是吗？什么是好领导和你想选择什么样的领导，真不是一个话题。再说了，你想选他跟，他还未必想选你带，咱们不走题。

3. 勤奋 HR 干活，懒 HR 升职

在30岁之前，我一直相信：天定酬勤、吃得苦中苦方为人上人。于是，本人一直很勤奋，当然，聪明的勤奋，有方法的勤奋，不是傻干。即使这样，眼看中年也没能挤进高管的队伍。

暗自思量，是不是天资不够？天才需要99%的汗水，还需要1%的天赋啊，万一，我就是缺少那1%呢。可怎么也觉着不可能！77虽不聪明，也不至于傻，HR 这个职业，并不需要天赋异禀。

天空一声惊雷，在30岁的某一天，突然被命运撞击了一下，认识了一个高人。高人大脑长期处于一片空白，空无一物。美其名曰：我清了缓存，是为了干活的时候脑速更高。

高人有很多诡异言论，言论之一：汝果欲学诗，功夫在诗外，HR 专业亦如此。

过去的几年来，我践行了懒人升职理论，不再追求勤奋，而是追求如何更偷懒地工作，于是，我成了现在的大白兔77。听起来是不是妙不可言？

偷懒的功夫有哪些？会不会听话，会不会说话，这个算基本要求，不难，

对不对？我就是天生大舌头，我也能好好说话。能说短的不说长的，能不说的就不说，现在不是好时机的不说，现在是好时机想没想清楚都要迅速说，无非也就这几个关键吧。

偷懒的功夫还有：保持斗志。想想男性高管为何比女性多？无非他们的遗传基因里更好战，天上掉不来林妹妹，高职位也不会凭空降临在你头上，无非是争取来的。好战，不是进攻，不是非要你死我活，而是你要习惯社会这个竞技场。77温柔吗？当然，谁敢说我不温柔，我用石头去砸你家玻璃。

群里有人问：某人资出的方案，业务反弹，77，你觉得方案有问题，是不是不公平合理呢？

我的回答是：即使不合理，也是以后的事，第一，我们都想做正义的使者，可我们的权力有多大，不如做权力范围内力所能及的，不要纠结于我们解决不了的，不扯方案有没有问题，先把现在的矛盾给解决了；第二，什么是公平，什么是合理？在每一家公司都不一样，你对这个员工公平了，对以前的享受旧政策的合不合理？第三，人资如何找到公司员工利益，员工与员工之间利益的平衡，是一定要掌握的关键能力，并不是和稀泥，是让大家舒心工作，营造合理的软硬环境；第四，坚持人资权威性很重要，这是以后人资地位的前提，工作流程做到无疏忽，即使方案、制度不尽善尽美，员工也没有抱怨。有人质疑，就修订制度，制度的权威性在哪里，以后谁把人资的话当话？何况，人资出的东西，可也是老板签批下发的……

大家表扬我：看七姐的分析也有犀利的一面。还好，他说的不是强势。强势，是我很不喜欢的一个词，强势是什么，是非要别人按自己的来，而如何巧妙地、不激发矛盾地坚持一个签发的东西，不是强势。我会酌情修订，但修订稿再次签发前，咱们还是按白纸黑字玩，这就是游戏规矩。

竞技场就是游戏场，坚持你的规矩，不要不战而败。或者说，面对危机，你要更加勇敢。

很多女性都有睡美人情节，我也时不时幻想着，王子终于有一天会发现我。错错错！静静等一个位子，比中彩票更难。你必须表达出自己优秀，这也算专业外的功夫。

tips: 都是问题

一路走来，对你职业选择最关键的影响因素是什么？对于目前各种去中心化、去层级化、去分工化的人力资源发展趋势，姐姐你又是如何看待未来人资的发展前景？

答

职业选择最关键的是是否朝着我自己的目标在接近，选择和目标相关性最强。各种去 A 去 B 去 C 其实是回归吧，我的理解，不要把人力资源当会计，他不是一个精算师的岗位，不需要各种高大上的工具，只要能解决问题，就是好 HR，而这个刚好就是中国 HR 最擅长的。

你新入职一家创业型公司，全新的组织结构，人力资源部刚刚组建，你到任一周后，公司投资人推荐了一个 HR 经理，巧合的是前一天公司财务总监也刚刚向你推荐了一个 HR 经理的候选人。看过简历之后，两人都具备基础的胜任条件，你该如何组织面试，又如何平衡投资人及财务总监的关系呢？

答

能做到小公司财务总监的，也是关系户，两个关系户都推荐人的意思。一般我不会考虑外在因素，外在因素太多了，我只看本质，本质就是招一个合适的经理，谁合适谁上。

假设您是一间外资办事处的唯一一名HR，公司有一种文化叫员工犯错，公司可以随意叫人回家。如，员工想请假半天，老板不批准，员工旷工，第二天，老板叫员工回家，等待通知。回家的员工向你反馈，这样的公司文化他们不接受。您已向老板反馈，这样做法不合法，不够尊重员工，不利于公司长期发展。但是老板不接受，请问您会怎样做？有什么方法解决？

答

如果我没走人，说明我接受老板这一套，既然我接受，我就不改变，我做帮手，招到接受这套的人，我给大家洗脑，让大家接受这一套。

我们公司试用期和转正工资一样，而且低于行业水平，为利于公司长期发展，请问您会怎样做？

答

1.转正工资和试用一样，如果事前说明，这不是问题，谁也没说转正就一定要涨工资。

2.工资低是问题，但老板就要低薪用人，就只能用到相匹配的人，还有一个解决之道就是2个人干3个人的活，工资高点。

3.老板不急你急什么呢，公司长期发展你说了不算。

HR 专员要怎么和核心员工进行面谈？一是不好意思和他们谈，一般核心员工资历和年纪都大过你，二是和他们谈的时候经常太形式化，三是有些人有点反感面谈这个事，对于这个情况，要怎么解决呢？

答

我没做过专员，我直接做的经理，但我和比我年长、比我资历深的面谈这个绝对有过。我没不好意思，第一，在这个领域，我比你专业，第二，这是工作流程，出纳卡你报销，他也不是对你有意见，只是工作流程需要，第三，面谈形式多样，我和技术人员在楼道抽烟谈，谈完说，介意帮我签个字吗，看看是不是如实记录了；和大咖在楼下咖啡厅谈，谈完正事还可以谈小孩入学难；和反感形式主义的，我在他找我办事的时候顺便谈，你不谈，我不办事。

我是公司的经理，有一名小助理，平时挺聪明的，但是就是工作起来注意力不容易集中在一件事情上，如果现在需要你培养她，并且需要在两年之内让她能够独当一面代替你的工作，你会如何培养？

答

我最喜欢聪明小孩了，不专注，我也这样，我更喜欢了，当接触一个领域层次浅，专注只会拖你后腿，不专注，都看看，思维才更广。培养两年，我想先从各种杂事做到很快、且不出错开始；然后带她出席各种会，在会上学业务，学跟大咖开会的技巧；工具类自己私下学就行了，跟解某个具体题一样，我不会教你解具体的题，有了基本功，自己可以解题。我会让她半年评估一次，和我的差异在哪里，找最容易的做提升，半年提升两个点，足够超越我了。

the fourteenth day

|第 14 天 |

冲突管理

指南针优于地图，在能够预测的年代，我们看到地图就能找到路径，但在未来，很难画出一份准确而具有时效性的地图，因此使用指南针找准方向，要比按图索骥有意义得多。

——《爆裂》

　　我非常喜欢为大家解答冲突管理的问题，面对各种技术工具的提问，我反而懒得答。其实呢，我们 HR，就是金牌调解员，日常处理的事务，大多数都是冲突管理。但很多人意识不到冲突管理的重要性，以为专业技术更重要，当然，不可否认，专业技术很重要，但专业技术是建立在环境之上的，有什么样的公司环境，你才能出什么样的技术方案，又或者说，我们的人资管理工作是基于公司各部门、各岗位职能的，而职能是有层级有秩序的。说到重点了，我们的管理基于有序，而世界是无序的啊。

　　这就是冲突管理的重要性了。冲突基于无序，有些有规律性，可以整理成秩序，有些并没有，靠经验。

　　举个例子，流行的 BSC（平衡记分卡），您的公司业务也不成熟，团队也不稳定，管理也不规范，随时都在变化。科学的、严谨的、系统的 BSC 真的就不适合您，不是我不会做这套衣服，是这套衣服不适合您。也并不是说变化的、不规范的公司就不好，发展中的企业全是一天三变、不规范的，你能说发展不好吗？所以，更需要我们去接受一天三变，找出适应它的规律管理，就是适合它的规范管理。

冲突是啥，简单地说就是意见不合。可能是观点的，可能是行为的，有可能是内部的，有可能是外部的，咱们干的就是抚平冲突，减少内耗，甚至利用冲突，让团队效率更高，更出活，赚更多钱。

能做到这样的管理者，技术活差一点，也有饭吃。技术活好到不行但不会冲突管理的人，通常在一家企业的存活率不高，俗称，不接地气。

从持续有饭吃的角度，我是建议大家通技术之前，先了解一点处理冲突的手段，以免在学习专业技术的路上就挂了。

1. 在解聘中重塑公司文化

//·那些年由人力组织的神秘会议·//

我，是众所周知的重度会议厌倦者，这家公司会议奇多，且议而不决。在半年多的会议中，我除了训练出速记能力，还顺便练习了画画，特意买了一只三色圆珠笔，便于开会时假装做笔记。

某次冗长的会议后，争论不休的部门老大们退场了，老总留下我："77，你是世界500强企业出来的，我知道我们的会议很有问题，你们以前是怎么开会的？"

"我们呀，会议不让出门，把人关起来开，不让上厕所。有研究表明，正常情况下每次尿量200~400毫升，基本上2小时就会有尿意。而且研究人员把每小时排出的尿液和相隔2~3小时排出的尿液相比较，后者所含的致癌物相当多呢，所以医生是建议每小时排尿1次。鉴于健康的角度，我们以前的会议，不管难度有多大，是年终预算还是决算，都能在1~2小时结束。因为大家憋不住啊。"

是被这家公司毫无建树的会议激怒了，因此胡说，以前公司确实是关起门开会，但还是允许上厕所。

此刻，窗外淅淅沥沥下着雨，雨打屋檐的声音，配合弥漫整个会议室的香烟味道，老总若有所思。我顺势补充："对了，还不让吸烟，有烟瘾的人，也会迅速逼自己做出决定。我们都是在公司外开的，以免在公司内人在开会，心还在工作中，或者也总有人打扰。也有研究表明，一旦思路被打断，要23分钟才能重新进入状态。"

老总，笑而不答，我继续扯："有时候是室外，站着，也能促进效率；有时候是酒店房间，大家容易放松，部门之间不容易起冲突；即使起冲突，也不会带回到公司了，所以会议上吵归吵，回到公司，还是很亲近的。"

这时，保洁大姐莽撞地闯进来，我猜她是我的人力伙伴们安排进来营救我的，拉开了会议室窗帘，即使是雨天，室内也明亮了不少。老总按熄烟头："77，这个月的总经理办公会，你组织一下，通知某某等，咱们也学习一下世界500强的开会方式。"

"我跟小秦说一下方法，让她去组织好吗？"我自然是要急急地推出去多出来的活，"让她配合你。"老总丢下这句就闪了。卫生间现在也应该不排队了，他该去了，于是就只剩人力组织神秘会，这么个华山一条路了。

如何开会，我是瞎说的，但实施起来好像有效。身体抽离到公司外开会，貌似思维也能抽离，不再拘泥互相指责，或者本位主义，大家的思维碰撞更强烈，但矛盾更少了。每次会议都有主题和议题，不解决不出门，为了能解决肾的问题，大家开始事前思考，会上讨论、决议，效率真的变高了。

老总秘书小秦承担了绝大多数会议工作，我唯一的功能是按会议名单再次与大家确认时间地点，会议现场根据需要适当督促进度，并统一做一份外出记录，现场给老总签字，回来交给同事做考勤，减少一个个与会者各自找老大签字的繁琐。

也有不需要人力参加的神秘业务会，会议纪要也会抄送给我，说不定有人力需要协助地方，而了解业务动向，也便于我的人员规划，当然，也会顺手做一份外出记录，就这么自然的事，现在不自然了。

// · 被架空过吗？· //

事情的开始，是一封邮件。

午餐时间，邮箱里跳出一封邮箱，显示是小莉发的。小莉是销售部的文员，为什么直接给我发邮件呢？抱着可能是急事的心理，打开了邮件，于是，午餐泡汤了。

"尊敬的人力资源部的领导：我一直在犹豫该不该告诉你，但我再也忍不住了，你可能不知道，每次大老板不在公司，刘经理就借故离开，完全没有进入工作状态，而他外出的考勤，就交代我编出来。最近，越来越嚣张了，这次你们出差，连续三天，他都没来公司。严重影响了其他同事的工作心态，而我也真的编不出来他的行程了，求助！"

小莉投诉她的经理伪造外出记录，如果这事是真的，一个考勤都管不好的人力总监，多少有责任，处理刘经理又非常麻烦，需要各种取证，想想都头大。如果这事不是真的，刘经理和小莉该有多深的积怨，人力对员工关系失察，也多少有责任，这事还不是负责对接销售部的BP上报的，我可怜的BP，他也有责任。

压力山大·77同志，瞬间拿起电话，找来刘经理："老刘，耽误你吃饭，咱们说个事。"老刘顶着他半秃的头，晃进办公室："是要请我吃饭吗？刚出差回来，就想我了，还是我们关系够铁。"

我直言："听说你最近外出频繁啊，有什么收获，能提前分享下吗？"老刘打哈哈："二老板交代我去开会，秘密会议。"这也不假，我们敬爱的二老板，是喜欢在公司外开秘密会议的，但都会通过我来召集人员，统一做外出登记，这一个多月都不通过我了？

压力山大·77对着老刘眨巴眨巴无辜的眼睛，他神秘地说："老板说，这事你不参与，交给他秘书安排了。"

好吧，我暂时顾不上为什么临场换角，就问为什么不是老板秘书直接处理外出，给人力备案即可，需要这么复杂让部门的文员去做假吗？给其他员工的感觉不好。其实这么问是有风险的，万一二老板就是要防我知道这个事呢？

但即使有风险，也先把小莉的邮件给处理了，把员工给稳定了。老刘倒也坦言：怕麻烦，秘书没主动给，他也没主动要，想着是小事，反正是被老板叫出去的。整件事也就三五分钟处理完了：给BP同志简单交代下，他找小莉口头解释事情原委，而外出单是要老刘的领导签字的，销售总监为什么会签字，我去了解情况。

企业就这样，我如果派个兵去了解情况，对对方是不尊重的，明知自己夹在中间很尴尬（涉及为什么换我这个角），但也不得不去面对，总监倒也和老刘一个说辞，看来我被换角是事实。

老板自然有老板的决定，多想无益。或者他觉得让堂堂一人力总监做外出记录的登记，太屈才？又或者某些企业机密是不需要人力知道的？

但这些可能都不是一个良性的信号。

在经历了小莉重磅炸弹邮件的轰炸后，在经历了疑似架空后，压力山大·77决定把自己那么点小猜忌挑明，原因有三：

1. 对自己和老板们彼此信任的关系还是有足够信心的，不能因为小误会破坏来之不易的信任；

2. 小莉是要有多长久委屈多忍无可忍，才能发出这样的邮件，事有蹊跷，因为怕点破某些不方便说的话，而不深究，有点不顾全大局；

3. 君子坦荡荡，小人才长戚戚。

生猛的压力山大·77抱着英勇就义的决心，找到二老板，说明考勤异常事件的原委。二老板莫名惊诧，表示最近他没组织任何秘密会议！

压力山大·77并没有窃喜，这更说明有更大问题隐藏！当一个团队最高负责人都在撒谎的时候，说明什么？

1. 销售总监有不可告人的秘密，极有可能准备逃离公司；

2. 地中海发型的刘经理，能得到销售总监的掩护，极有可能他们之间有默契；

3. 有这样的默契人，还有那些？

听完我的分析，机智的二老板，振臂高挥：

1. 我们表面要按兵不动，私下你用某招聘账户查一下更新简历情况；

2. 上个月我和大老板已经接触过某个销售高管，现在是详谈合作的时机了，你亲自跟进；

3. 速做出应急方案。

某招聘账户是二老板不知道什么时候在公司遗留下来的，我曾经借用来搜在职人员的简历更新，人都好聪明，会屏蔽自己公司，万万没想到，还有个不被人知的隐秘账户能搜到。

对近期更新过简历的同事，我们采取理解、包容、更关心的态度，怕人员离职没有用，让他更爱你才有用。

经查后，销售团队只有小莉和小何的简历更新过，但这不代表他们要跳槽。很多时候，当我们受了委屈或者工作压力太大，通常会当天回家就更新简历，期望新机会出现，可能第三天，我们气消了，压力缓解了，就忘记这个事了。

而不更新简历的人，也不代表不跳槽。跟我们招聘一样，招得最快的人，是熟人介绍的人；走得最快的人，也同样是熟人介绍他新工作了。

小莉更新简历，我不意外，她应该饱受压力和困扰，但现在不是我找她谈的最佳时机。小何是销售团队最不出色的那一个，不爱说话，业绩也不突出，我想找他聊聊。

说点别的：HR，真的就是居委会大妈，不论多高级的职位，琐碎从不会少。尤其是沟通，听人转述永远不及自己去了解，来得真切、来得有细节可参考。对你宣泄情绪和对非掌权者宣泄，对于员工而已，他的心理感受又大有差异。

被重视与被尊重，永远是治愈员工异常态度和行为最好的药。

//·集体辞职事件·//

从架空开始，但并不是讲架空，我想说的是一起集体辞职事件。

事件前期，特别受煎熬，以为被架空的感觉难受极了。小莉，这样的直投邮件妹妹，漫长的职业生涯中其实不常见，对她又爱又怕。对说真话的人，HR居然惧怕？是什么让我变成今天这样？

我害怕风浪，宁愿企业风平浪静，也不愿意有国王的新衣里的孩子蹦出来。好可怕，她居然敢说真话！

就在二老板振臂高呼不久，销售总监、销售经理一起提出离职，前后提交辞职申请的还有销售部3个骨干。高管离职多少会含蓄点，即使带人走，也拖一段时间，这次先后提出离职，有点不给公司面子了，也有点不计后果，其中爱恨情仇难以猜测。

二老板要求压力山大·77临时入驻销售部，在新总监到任之前，暂代销售部的日常管理。想骂人：我懂个 pi，我能做销售，哪用苦苦挣扎做居委会大妈。

二老板引用我的话温柔地劝解我：77同志，你说过，建立公司文化的最佳时机是录用和离职的时候，特别是有人离职，会成为员工的八卦素材，公司的形象就在流言蜚语中被定位，所以，这个非常时期，非常需要你去传播正确的精神。

老板把他自己当花解语了……有这大一朵花？

威逼之下，我去到销售部，去宣布一件遗憾的事：某某和某某等，因个人原因提出离职，公司已批准……

"我想，大家会感到不安吧，身为人力的负责人，我不能掌握员工动态，昨夜我彻夜难眠，深深地反省，今天，召集大家的目的，是想听听你们的不满，作为今后销售部管理的参考。"

在召集大家之前，和近期更新过简历的小何聊过，他不在被带走的人之列。小何话不多，但句句实在，比如他说：他曾经跟经理推荐过用软件管理客户信息，用网络增加互联，结果经理就把这件事完全推给他，让他去策划落实，又不给任何的支持；他也建议经理更多发展线上营销，减少地面推广费用，经理也置若罔闻。多次打击后，小何更沉默了，他对我说：我以前的公司就是这样的风气，领导整天在忙他觉得重要的事，对员工的提案根本不关心，现在又这样，我真的觉得很失望。

我想，很多如小何这样优秀的员工，在刘经理这样的领导之下，无法发挥真正的才干，这也可以解释为什么人力每每面试到惊为天人的人才，交到部门后，总被贬得一钱不值。这样的人走了，真是好事，还带走一波人，更是利好的消息，伤口包起来，会化脓，壮士断腕，反而新生，现在轮到我做花解语劝解老板。

没有被利诱的77，说服老板临时委任小何带领销售部，不擅长的领域不如交予擅长的人，硬着头皮上，不是勇敢，是逞能。

在企业管理中，个人的一时得失一点都不重要，无所谓架空不架空，事态如河流，总会自己朝海流。

企业管理的旅程也不会如釜山行般，沿途层出不穷的僵尸，更多的是小莉直投这般的小浪花。但我更害怕这些小事件，如果你能穿透迷雾，深究直投妹妹的行为的背后意味着什么，你会细思极恐。

2. 动荡中的管理

// · 公司人事变动剧烈该如何应对 · //

先算大账面，如果战略调整了，不需要那么多人，减员自然更省钱，以前公司战略半年、一年、三年、五年一定，现在的公司，尤其是创业型互联网公司，一周一变也觉得正常。

比如，风投在谈了，那么当然要积极招募团队，加速研发进度。而结果是，并没有谈下来，资金吃紧，只能速速精简团队，等待下一次融资机会。又或者说，某个项目紧急研发中，哗啦，发现比如 BAT[①] 已上线该产品，哪还研发个毛线，还没出生，已死，于是，团队又要精简。这样的意外太多太多，HR 如何应对？

应对方法1：老板指哪里，你打哪里，不论你觉得对与错，老板说的一定是对的，你不在其位，不谋其政。

关于这一点，不要觉得委屈，老板说的，真的都是对的，看到老板的长处，也是 HR 的本职，换句话说，看到任何人的长处，都是 HR 的本职。

你要做的，更多的是主持好离职面谈，不让走的员工有怨气，甚至利用你的人脉帮他们推荐新工作；监督完成离职手续，不留法律风险；安抚好留下的员工。

应对方法2：你比老板懂市场或技术，你提前预测到变化，在人员上提前做调整或储备。也真有这样的 HR，从市场或技术转型，或从其他同质互联网公司被老板挖来的，见多识广。

应对方法3：你不比老板懂市场或技术，但从你人力资源管理的敏感度，预测公司动向，工作计划短平快，不要做长远计划，并调整自己去适应高频变化。

与老板多沟通，了解他的真实想法，将公司人人惶恐的状态传递给老板。甚至可以与之商议，有没有比裁员更好的办法？比如精简工作流程？从公司其他方面减少开支？采取灵活工时？留下来的人足以完成工作吗？（不过这一点，对你们公司应该已经来不及了）

在有突发事件的时候，人人都是忐忑的，不知道发生了什么，也不知道实情是什么，不知道下一个被遣散的会不会是自己。这个时候，告诉他们实情比

---

① BAT，B=百度，A=阿里巴巴，T=腾讯，是中国互联网公司百度公司（Baidu）、阿里巴巴集团（Alibaba）、腾讯公司（Tencent）三大互联网公司首字母的缩写。即中国互联网公司三巨头。

不告诉更好。而如何告诉，一定需要专业度。我们总在说专业，专业是什么？很重要的一点就是在有职场突发事件的时候，能从容应对，在变化多端的商业环境里，这一点尤其重要。

面对变革后没有安全感的员工，你应该组织高管立马与员工面对面交流。记住，像裁员这样的事，千万不要用冷冰冰的邮件交流。

沟通交流的目标：

1. 告诉员工公司发生了什么事情，了解员工的心理波动，让他们宣泄；

2. 坦言公司遇到了困难，有些职位不需要了（不是人不需要了），而高管们这段日子也非常艰难；

3. 鼓励大家与公司一起继续前行，讨论如何重新分配工作。

提示：不要承诺以后再也不会发生这样的事了，你承诺不了，而真的又发生，员工的信任度直接降到零。

以上，一定是你作为 HR 能给出的建议，这些，就是你该做的。

应对方法4：老板不跟你说实话，或者公司有恶意拖欠工资行为，老板也给不出承诺，你也离职吧。

2015年接受 A 轮融资的800多家创业型互联网公司，到今年，你看看还有几家活着？

//·突然收到辞退通知·//

我真的遇到过当天收到辞退通知，不是故事。

某大外资，一夜撤资，退出当地市场。当时，我还不是 HR。我们公司的 HR 办事效率特别高，首先，宣讲了因为一些原因，有这样的决定，公司很难过；其次，宣讲了国家政策是如何规定的，有哪些法条；最后，说赔偿方案。

对我们有两种方案，一种，你选择走，则会高于国家政策签字走人，一个月后还给额外奖励——如果我们把自己部门的人员辞退做好的话；另一种方案，可以选择留在中资方，待遇职级不变。当时10个部门负责人，交头接耳10分钟后，中年人选择了留下，当时的我还是青年，选择拿钱走人。

HR给我们简单培训了辞退流程和话术，就放我们回去了，务必当天集齐所属部门全部员工的离职协议、赔偿明细签字版，且一定要看着是他本人签的。

话术无非把对我们说的话再对员工说一遍，我选择简短开会，告诉大家，我们现在遇到了突发的事件，我和你们一样，感到震惊、恐惧，但我们不是无助的，公司会给予补偿和必要的工作推荐，同时，我们也不是孤单的，还有这么一群人，互相安慰、互相介绍新工作。

然后，介绍公司辞退政策，允许大家发言、提出疑问。赔偿明细是提前按工龄、上年收入计算好的，一目了然。

我的结束语：第一，经历挫折，是人生最重要的部分，而且是必不可少的，任何人不能避免的，越早受到越好，跟我们给孩子的挫折教育一样，早受挫，早成长。第二，痛苦是人生的一个最正常的部分。第三，去接受痛苦是最有效的、也是目前我们最该做的。

再从我最有把握谈的人开始，1对1谈细则，现场签单子。我在里屋谈，我的副手在外面安抚人。中国人不能聚众，聚众就容易七嘴八舌，互受影响，场面不好控制。也有的部门负责人选择集体说、集体签，难度明显比我的方法要大。

当年选择拿赔偿走人的员工，有的去读书了，有的去做生意了，有的换了新工作，都发展得不错。员工也迅速找到新公司，一线工人，找工作还是容易的。当然，如果这家公司还在，我们的发展也许更好，但事实就是它不再继续经营了，跟夫妻要离婚一样，一方必走，你想挽留也没有用，不如谈离婚协议细则。

如果遇到不按法规赔偿的公司，我也不建议死磕。有那个时间，迎接新生活更好。同样，类似夫妻离婚，死磕某条款，互不让步，情感上受到的伤害比钱的伤害更大。

如果遇到完全不提赔偿的公司呢？你要提，合法维护自己利益是应该的，如果公司要无赖，我也还是不建议死磕钱的问题，但有一点记住了：督促公司HR把社保给办停了。

最近，遇到几个倒霉的产品汪、运营喵，上家公司说垮就垮，遂投奔我们公司。拖欠工资不是最坏的，更坏的是原公司社保都不给员工办停，一直挂在公司账户上、欠费状态，我想给他们继续办社保，都办不进去。

如果，你不幸遇到辞退，生气是应该的，但别生自己气。不是你不好，是他不好，但也没埋怨他太久。离开他，就忘了他，毕竟，好日子还在后头。

3. 面对员工腐败怎么办

十多年前，制造业蓬勃的时候，招录一个工人，劳务公司给我50~200元，不敢收，别人收了没有，我不知道；七八年前，猎头推荐一个候选人，给我分成，不敢收，别人收了没有，我知道；五六年前，我所属集团的某分公司招聘的人三五亲戚成群，并没有报备，去处理了。有权力的地方，就有腐败，这是正常的，人人都能预见到的；没有用流程堵漏洞，仅仅靠一纸文件，是捏着鼻子哄眼睛，当然是会出现腐败现象的。

本人不善经济政治分析，只能说点 HR 的见解，不高端大气，见谅。面对权力可能会带来的腐败，怎么办？

一、立规矩——一纸文件还是要有的

绝大多数公司的应聘表上，有一栏：本司有你的亲戚、朋友、同学、熟人吗，如果有，请列出名字。这一栏的好处：一方面，对推荐人，会奖励；另一方面，公司能知悉明暗关系网。

有些公司对高管或某个级别的人，需要一年报备一次：是否本人或亲戚、熟人有开设公司，公司经营范围等等。

也有些公司对 HR 有内审，为什么领导会要求 HR 提供的招聘报表中，有简历来源这一项？你统计的时候，以为是年底评估哪个招聘渠道效果好，以便续签招聘协议，当然，这是原因之一。领导可能还会抽查某简历是不是来源于这个渠道，也会对身份证地址和招聘者看起来比较近的，重点抽查。这也是规矩。

以上，并不能杜绝腐败，只能做事后的监督，且监督效果靠命，靠天。

二、定流程——环环相扣，上下环节形成互相监督关系

听到互相监督，就觉得是公司暗设东厂，你太狭隘了。我们换个词：下一个工序是上一个工序的天然质检，这么听起来舒服吧，就是这个意思。举例，在招聘环节，如何让下一个工序质检？

审批分权限就是天然的流程，我们很熟悉的工作流程：一份录用书，一定不是 HR 签了就生效的，当我们嫌弃签字繁琐的时候，有没有想过，最终审核人就是最大责任人？

说个题外的故事，和钱先生交流整理资料经验，我说我把需要我签字的全

部文件，都做了电子目录，钱先生没有表示出惊叹佩服，我很失望。我很骄傲每天花10分钟做文件登记工作，所有经我手的文件，有法可依，有据可查，还有背景调查附件，我要保证，如有问题，不是在我这个工序出现问题。比如部门提报的调薪申请，这个容易出现腐败的环节，我不仅仅看是否符合公司政策，还会走访相关人，走访记录就是调薪文件的附件。

如果公司在类似环节都设置复核——这样一个小流程，能减少绝大多数的腐败。

三、有法必依

如果有了规矩，有了流程，是不是就带来完美新世界？当然不，否则，不需要监狱了。故，抓一个就严惩一个，即使是小事。因为不讲规矩，并没有受到惩罚，群众就会自然效仿。

我们公司的规定：利益往来方赠予的任何物品，不论价值，必须上报后再使用。所以，某某招聘网站，不要送我笔记本（不是电脑笔记本）啦，这个本子，是要填表上报，不报，查出来就要滚回家，如果你负责帮我找工作，那我就不报啦，填表好累！

tips: 剩下的案例需要你自己补充

关于冲突的故事就讲这么多，不全尽，剩下的案例需要你自己补充。包括之前的章节，我期望例子能尽量涵盖工作中的高频问题，但我知道，并不全面，毕竟我和我的小伙伴们经历过的有限。你可以问自己：我经历过何种冲突？当时怎么想的？怎么做的？经验是什么？教训是什么？有没有可能变成一种公式，今后遇到的类似案例时套用？

也欢迎你把你的故事、你的疑问讲出来，发给我，在你们的人生中，找自己的答案，于我，是赚到的人生体验。

一句话结束本周内容

/

知人者智。——老子

第三周
The third week

团队技能

the fifteenth day

| 第15天 |

面试、招聘心得

我不知道他们之间的感情是什么，是朋友吗？我觉得他们已超越了朋友的关系，他们有着自己的目的，但到了最后又各自放弃了自己的目的。是亲人吗，我觉得也不是，他们疏离着，互相猜测着，然而这种疏离又都是一种默默的保护，然而这所有的一切又出自一种最基础的感情：我希望你能平安。

——《盗墓笔记》

cong 提问怎样招聘到中高端人才。

有些问题是无解的，如果老板硬要你用10万招到30万的人，无解，我做不到，如果对方平台很好，老板硬要你挖到摇摇欲坠的平台来，无解，我也做不到。

钱不到位，平台不到位，并不是大问题，仍然是有解的。但差距过大，就真无解了，HR 不是神仙。

如果钱、平台相当到位，这位朋友不会问我了，哪有用钱和发展砸不来的人！

可见，她遇到的问题是低于或持平市场价位，如何挖到人呢？

下面一段，老生常谈，我简单带过。

1. 去揣摩你要的人在哪里？通常活跃的平台是什么？

2. 从他们喜欢的入口去找到他们，招聘医生去丁香，招聘程序员去 CSDN，招聘厨师去最佳东方，招聘产品经理请在科技园区经常搭顺风车……

3. 包装你的企业，至少他是正规的，环境舒适的，气氛融洽的，自家的官网、招聘网站上挂照片，有图有真相！

4. 不吝惜体力。录用1个人，至少要面10个人；面10个人，至少要打20~50个电话，才能保证10个人来；打20~50个电话，至少要搜到翻倍的简历；搜到这么多简历，一个招聘渠道是不够的。

5. 扩大渠道。常规招聘网站要用，最新行业报告，互联网人才简历初选最高，居然在某数字为名称的招聘网站，我真的醉了，那不是租房子用的吗？所以，你以为效果不好的招聘网站也不妨试试。企业有钱，专业猎头要用；企业钱不多，就发动群众，公司员工都是你的招聘渠道，离职员工也是，你上一家、上上一家的同事还是。面试没通过的人是，面试通过不要你的人还是，请拜托他们多多关照吧。

6. 谈判技巧。太多，不细说。

说完这些老生谈的，再来唱花旦。招聘只是"找人"环节的中间环，前一环反而更重要，即弄清楚你们公司要的中高端人才具体要求。

我曾讲过一个故事，财务部非常紧急地给我派工单：招高端会计助理一名，需中级以上职称，5年财务工作经验，2年主管会计经验。这不是助理要求，已经是够经理了。当我细细询问为什么需要这一职位呢？对方告知：几个会计专业能力均非常强，但年纪都偏大了，对会计软件操作不熟，需要一名高端助理。

这，这不就是需要一个录凭证的吗，何须中级职称。在我理清对方需求后，他也同意，招聘一名统计员即可，而企业内刚好有学过财务的客服，电脑录入可快了，转岗成功，员工感激涕零，其他员工也看到本公司内职业发展有奔头。

猎头行业有候选人画像一说，请 HR 务必学会，根据公司用人需求，准确描绘出候选人定位：这个职位须有什么样的技能和特征，需要到岗的人实际做哪些事、做到何种程度。

当然，这是一个特殊的例子，每家公司对一个岗位的要求是不同的，仔细问清楚，找准需求，成功一半。

唱完花旦，唱彩旦，我也是够忙的。彩旦就是丑婆子，实为女丑，估计是最适合我的角色了。按照我的经验，提出中高端人才招聘问题的朋友，一般不是不会招聘，是心虚，缺那么点和比自己职位高的人打交道的底气，排除了以老生、花旦唱的技术原因，现在要解决的是你的心理问题。

自测题

1. 你会为了无房无车自卑吗？

2. 你会为了领导一句批评的话而情绪波动吗？

3. 你会因为在多人合作任务中，无法掌握工作进度而焦虑、迷茫或空虚吗？

如果有两条中，那你的心理有点弱，如果低于两条，此段略过，你心理强大得很，可以直接划屏到文末。中了两条的咋加强自我心理建设呢？

1. 角色扮演，找一个你喜欢的职场偶像，模仿他的处事方式，心虚时，把自己想成：我要是他，我会怎么做，模仿多了，你就越相信你就是他。

2. 继续角色扮演，把自己带入中高人才候选人的角色，和 HR 打交道，他们也虚，他们也怕被你刷下。

3. 无知者无惧，别被专业术语、市面上为了骗你买课的说你多不会招聘的文案骗了，那些所谓直击用户痛点的文案，专门骗心理不强大的人。诸葛亮最著名的计策是啥？空城计！你有没有货没关系，先装你有，真实案例经历过了，就真有了，不需要上课！这就是我一直不开招聘课的原因，招聘不是教会的，是在实践中天天刷等级刷出来的。而我们和候选人的关系到底如何定位？猎手和猎物？甲方和乙方？倒是《盗墓笔记》里说的一段深得我心：我不知道他们之间的感情是什么，是朋友吗？我觉得他们已超越了朋友的关系，他们有着自己的目的，但到了最后又各自放弃了自己的目的。是亲人吗，我觉得也不是，他们疏离着，互相猜测着，然而这种疏离又都是一种默默的保护，然而这所有的一切又出自一种最基础的感情：我希望你能平安。

1. 招聘实战解析

//·新颖的招聘 JD 怎么设计·//

我是2016年毕业的一名职场菜鸟。如今在一家互联网软件公司做人事行政，我想先设计一个吸引人的 JD① 来让更多求职者投递简历，看看效果。然而，其实我并不擅长。请问，个性化、新颖的招聘 JD 怎么设计？

被这个问题逗开心了，可爱的题主，经验不多，然而，表达无一句废话，且清晰、清新，强过很多老鸟。

一、首先，我们必须承认，多新颖的 JD，招聘效果都不显著，但这个事，我们还是要做，为什么？

1.表示你们公司是"活"的，JD 彰显公司个性，能让求职者感受到扑面而来的活力；

2.表示你们公司的 HR 是"活"的，一个有想法的 HR，只要不是写得太差，总让人心生好感；

3.表示你们老板是"活"的，他不介意让 HR 整蛊 JD，天生不羁爱自由。

————————

① JD，job description，是指职位描述，是其缩写。

补充：为什么无论多新颖，招聘效果不会特别显著：求职者都不傻，不会只看花架子，会看到内涵，而 JD 的内涵实在由公司地位决定，非 HR 人力可改变……然而，我们都不想加入一家一潭死水的公司，你们的"活"等于亮出一张大牌，棋高一着。故，常规工作有想法地做，仍然是我要提倡的。

二、其次，我们来聊聊，如何优化一份常规 JD？发布媒体不同，写法不同。

A. 放在食堂门口的海报（或供朋友圈发放的海报、或传单或电子报，我归到同一类型）。

诉求对象是个体，接触到的人属于被动的、偶尔看到的，是瞬间有效的，所以，要在第一时间打动他。让他在看到海报的电光石火间，会想到："咦，这家公司好有趣哦"或者"哇喔，我好想去试试这个职位"。

海报怎么写呢？无需列出所有要求，一句吸睛广告词即可，此刻，考验的不是你的挖掘 JD 能力，是广告文案能力。给你的20个同事看，他们不由自主地讨论或转发了，就成功了。

举例

JAVA 软件工程师岗位职责：

1. 完成系统需求分析、设计说明书编写；

2. 主要负责互联网爬虫方面的系统设计和开发；

3. 参与和开发大数据的存储与检索

任职要求：

1. 本科及以上学历，计算机软件及相关专业毕业，3年以上的软件开发经验；

2. 熟悉 Http 协议（Header、Cookie 等）；

3. 精通 Spring、Hibernate、Struts 框架，熟悉 HTML、JavaScript、XML；

海报写法

3 年 JAVA 经验的你，在经历过那么多的伤害、误解、欺骗之后，还仍然选择相信这个世界的美好和别人的善良吗？加入我们，扫码即美女上门约谈！这里有如猫咪老师般领导，有塔子阿姨般的 HR……

仅仅举例，此处假设技术男都是孤独的、懦弱的、自卑的，借用了《夏目友人帐》的桥段。然鹅，我老了，语言过气了，你按 90 后的风格写比我的更好。

B.发布在自媒体的（博客，微博，微信）。

这类文案，比海报时效长，属于短期有效的，对象是主动接触的群体，针对性更强，对于这部分人，必须要注明公司优势即你想向他们推销的。

C.发布在官网或招聘网站上的。

这就是针对特定群体的，就有必要把岗位的详细内容仔细写出来，赢得信任，参考上面的常规写法即可。而此刻考察的就是你挖掘 JD 能力了，到底什么条件的人是你们需要的，这个条件是不是刚刚好，不多也不少？

三、最后，我们探讨下，如何为不擅长的事插上翅膀？

1.提高思考力（左翅）。

思考力，简单地说就是透过现象看本质的能力，不论你是多菜，能提出心中的疑问，且这个问题你有自己的思考，就已经具备思考力。

2.提高创造力（右翼）。

创造力，简单地说就是你个人的、独特的、解决问题的能力。首先，你要发现问题，再去想办法解决，并且，加上一点坚持，不要试一次就放弃。

达·芬奇同志从 1503 年开始创作《蒙娜丽莎》，1519 年才完成。批评家认为他浪费太多时间在光学实验上，然而，何尝不是他在光学上的研究让他的画作有与众不同的明暗对比呢？

伽利略同志发现月球上的山脉同样如此，不是他的望远镜多先进，而是他在素描上的经验，让他关注到月球上不同的光影。

我们的文化视野，能让思考力、创造力展翅。如同，我们浪费时间看《夏目友人帐》，谁又能说，他对招聘没有用呢？

// · 如何面试职位比我们高的人？ · //

我们总会遇到去面试职位比我们高的人，好像就心怯怯了。告诉你：没必要心怯怯！

一、面试的目的

对于 HR 而言，我们面试的目的不是发掘其专业能力多么的牛，不好意思地说，我们并不比面试者更专业，否则就 HR 说了算，还需要部门负责人参与面试干吗呢？

虽然不好意思，但还是要说，我们也不能问得太马（白）虎（痴），我们也要显示我们的专业，我们的专业是什么呢？用专业词说，就是面试者简历的效度和信度，用大师兄的话说：他有没有在简历上胡说八道。

二、体现我们专业度的结构化面试题小抄

下面的图，也许你觉得太简单，我一直在强调，最简单的最有效，不要搞花里胡哨的，能用简单问题得到答案的，不要没事玩群面、公文筐、无小组讨论，什么都没有听他绘声绘色讲自己的故事更能判断一个人的实力！

那些高阶的面试玩法，当然是好的，我也不否认，只是从时间的投入上看，性价比不高，我们苦在时间有限啊，应聘者时间也有限啊，你想玩，他还懒得跟你玩。

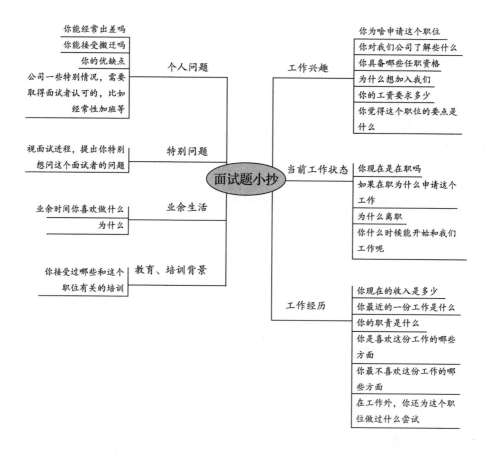

三、问题问完，是要有结论的

我们的问题都不是白问的，姐没那么多口水，问题的背后一定想得出什么，得出什么呢？看图：

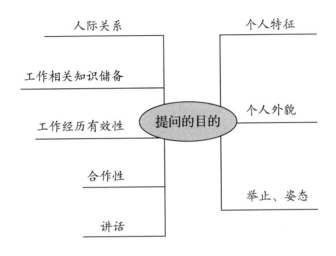

人际关系

工作相关知识储备

工作经历有效性

合作性

讲话

提问的目的

个人特征

个人外貌

举止、姿态

四、注意事项

1.以上问题穿插着问、不要都问，结合对方简历问。

2.问完，对方没答出你想知道的，你要追问：你能具体说说你是怎么做到的吗？记得是怎么，HOW。

五、二面可问的问题

（为什么是二面问？如果你是初试的面试官，请你不要问太多，节约面试者时间，后面还有一堆人他要见。）

1.问前公司规模，操作过的项目规模，问具体数字。比如他以前的公司一千人，直接管理10人的团队，年销售额1个亿和公司100人，管理2个人的团队，年销售额200万的应聘者就很不同。

2.问疑点，比如工作经历的不连贯性，为什么离职。

3.问具体问题，不要问你是如何激励团队的，这样空洞的问题，别人回答的也只会是无效的答案，你应该问，在某公司时，在管理团队方面，您面临的最大困难是什么，您是如何解决的呢？具体的问题，对方就能滔滔不绝地讲述经历过的故事。而你从故事中可以判断他的行事方式。

4.问企业文化匹配度，你以前工作的公司，企业文化有什么特点，你如何评价，或者问，你喜欢什么样的企业文化，如果您加入我们公司，您觉得这次职业机会哪些是有利因素，哪些是不利的。

5.问专业，您怎样看待行业的变化和发展趋势；或者说，做管理岗位这么多年，您的管理风格有哪些变化。

2. 校园招聘

// · 从名企校招我们学到的 · //

校招流程无非那几个：进校前的准备、人员选拔、跟进报到、人才培养开发，但细节不亚于筹划婚礼，你要招到多少人，劳动量大于等于多少次婚礼。

一、前期准备阶段

1.明确本年校招的定位（我更喜欢说目的是什么）。

工作内容：根据目的，确定招聘人员的使用方向、人数、薪酬标准、宣传侧重点。

2.明确招聘岗位及要求。

这一点非常重要，反复确认岗位和要求是校招胜利的决定性因素。

3.明确目标院校及校园宣讲时间。

这一点，细节就很多啦，什么量级的学校？哪些城市？进校时间？

4.有无合作伙伴及合作方式。

大多数校招都由专门的公司来策划了，具体操作细节比如海报、场地、面试题设计、优秀学生名单都可以委托专业公司操作。但如果是自家公司做，事无巨细，都要考虑到，设计好，建议用上项目管理方法，比如甘特图、WBS，靠脑子记，是一定记不住这么多未尽事宜的。

5.撰写校园招聘策划案报批、实施。

二、人员选拔阶段

1.放消息出去，能放的地方都放，比如学校的论坛，自家的网站、公众号，先造势。

2.宣讲，个人觉得是最重要一环，类似现场电视购物，你能打动多少人，全凭一张嘴，当然，PPT也一定不能差，有某度的前车之鉴。

如果，本公司有学术上特别有名的人，好好包装他，隆重推出，如果本公司有特别前沿的技术，也隆重推出；公司有没有本院校毕业的成功人士？有，也要隆重推出。

招聘的岗位为什么特别重要？也需要特别包装，比如大家都误会，市场营销就是卖东西，太简单粗暴了，市场营销，其实是非常高大上的市场学，MBA、

EMBA 都把市场营销作为对管理者进行培养的重要内容。

举例，可以怎么解释销售岗位呢?

首先，美国市场营销协会对市场营销的定义是：市场营销是在创造、沟通、传播和交换产品中，为顾客、客户、合作伙伴以及整个社会带来价值的一系列活动、过程和体系。我们看到几个关键词"创造""沟通""传播"，而这些功力练就了，做什么都会很厉害，可延展举例。

其次，比尔·盖茨的销售能力比技术能力强，再比如扎克伯格，初期是参与过写代码的，但后面一直做营销管理。

最后，营销绝对不是吃吃喝喝，它是为客户解决问题，满足客户的需求，更高层次的顾问式的营销则是在引导客户的需求，挖掘客户的潜在需求，预测客户未来的需求。对营销人要求特别高，需要了解市场及走向、了解客户、了解产品，是复合型人才，而这个社会，成功是靠多维度合力的，而绝非单一技术能力（记得，多用"维度"这类年轻人追捧的热词，拉近与他们的距离，用他们喜欢的语言去表达你的意思）。

总之，拼命找公司、找招聘岗位的亮点。"伐柯如何，匪斧不克；娶妻如何，匪媒不得"，宣讲人就是那个媒婆，公司娶不娶得到好"妻"，媒婆任重道远。

宣讲之后，就是选拔过程，其中，面试、笔试等流程要设计得比社招更复杂，对于第一次参加工作的人，复杂的流程反而让他们觉得公司更靠谱，公司对这个职位更重视，而自己投入更多，如果退出沉没成本也更高，类似越久经考核的男朋友，越不容易提出分手。

跟进报到阶段，也就是订婚到结婚中间那段时间，也别掉以轻心，疯狂支持就对了。支持包括但不限于：节日问候、公司最近情况告知、公司优惠券发放（比如公司有自己的纪念品、产品折扣，多发一些没关系，待毕业生送给亲朋好友了，还好意思不来公司吗？他不来，亲朋好友也会追问）等等。

三、人才培养阶段

得根据具体公司、具体岗位定制，我只说几个注意事项：

1. 最好人人有导师或师傅或师姐，有人疼的娃留存率高；

2. 除了对新人一月一跟进，对导师也要追踪，一月一跟进，跑不了；

3. 不妨逐步提高要求，新人不怕挑战难度，怕的是没难度。类似打游戏，必须有难度升级才好玩、才沉迷。

PS：一定要为校招起个响亮的名称！阿里巴巴有"找对位，搏出WAY"，万科有"新动力"，京东有"京锐夏令营"、宝洁有"群英会"、华为有"勇敢新世界"……你看，都搞得跟《中国有嘻哈》这类娱乐活动似的，我们还不学？

一定要挖掘招聘岗位的内涵，高科技公司的销售，必须有极高的专业背景，做的不仅仅是销售的活，还要支持运营，不妨，我们蹭运营这个热词，把岗位名称改为运营支持！又或者，销售其实也做着品牌建设、推广的活，我们把它叫做品牌管理，也丝毫不违和！

//·校招如何获得大学生青睐？·//

盼望着，盼望着，北风来了，秋天的脚步近了。一切都像没睡醒的样子，欣欣然伸了个懒腰。领导催起来了，员工叫起来了，HR的脸红起来了。

《招聘需求表》偷偷地从抽屉里拿出来，厚厚的，沉沉的。办公室里，走廊里，瞧去，一大片一大片满是人。坐着，靠着，打两个喷嚏，玩几下手机，都是找你来要人的。

小公司，福利一般，如何在校招中赢得青睐？你发起愁来了。

不知名，福利没有明显优势，怎么赢得青睐？那么多长得不好看，收入马虎的大叔也结婚了，婚后还挺幸福，老婆素质明显高过大叔，收入也高过……

长得不好看，钱不多的人就该去死啊，如果这样，中国不再是人口大国……所以，对于你的提问，我一本正经地回答：采访身边三个家庭幸福的猥琐大叔，询问他们求偶心得，用在你的招聘上，保证有效。

不论校招还是社招，无谓的承诺、虚无的远景都是要不得的，说了也白说，人人都不是傻子，谈情怀的都是耍流氓，流氓徐大叔早说了。当你实力不够，别拿情怀凑，不如体现个性（求偶同理）。以下供参考：

个性一种：老板惜才，最好有故事说明；

个性二种：行业有趣，比如游戏设计，准能吸引一帮游戏男；

个特三种：小而美，钱不多，但培训多，还有一对一教练带新人；

个性四种：公司适婚青年巨多，不信，看图说话；

个性五种：有个分公司在乡下，不定期可以农耕；或有个办事处在大城市，不定期可以交换实习生；

个性六种：公司在闹市，中午下楼即可逛街；或公司在开发区，周末出门即可烧烤；

个性七种：以上都没有，胜在食堂饭好吃、管饱。

至于，薪酬取胜，还是选择专科院校，这些都不是事，哪里有你需要的人，你去哪里摆摊、做宣讲；钱差不多，不低得离谱就成，当然，老板同意用钱砸，我欣赏他！

我要钱！我有自己的房子！这是绝大多数应届毕业生任性的欲望。年轻时的我，抱着这样的心态，踏入职场。别，你别急着否认，扪心自问，这也是你心里想要的吧，有的人表露，有的人怕实现不了，不让自己表露，甚至不想让自己察觉自己有这么个任性欲望。

但绝大多数人，怀揣着任性的欲望，踏实地走着不任性的、渐进的路。所以，砸不出钱不可怕。你，就是个例子，应该不是被老板用钱砸进公司的吧？你为什么进这家公司？你为什么工作之外还孜孜不倦提问？你为什么把公司的事当自己的事一样苦恼？你想在公司得到些什么？你能实现吗？把这些当田野调查题，访问公司老中青几代人（如果有的话），干部、群众都访访，调查报告就是你的《如何获得大学生青睐宝典》。

或者在校招前，召集全员做次头脑风暴或世界咖啡，征集公司个性，一石二鸟顺便把企业文化也给提炼了，再自信满满去相亲吧，大雄也有静香看上。

竹林七贤之一的阮籍，觉得嵇康高雅，给他一个青眼，即后人说的青睐，觉得嵇康的哥哥嵇喜庸俗，翻白眼给他。当你面对阮籍，你也许是哥哥，不被青睐，当你面对齐王，天啊，被青睐得不要不要的。现在，你知道怎么出牌了吗？

tips: 招聘团队的绩效考核

薇薇安提问：做招聘的绩效的时候只是以招聘职位的个数为考核依据，但是在职位难度就没分（高级技术／高级管理者会有特殊奖励），怎么能中和一下呢？

这本书中的绝大多数案例来自我们自己——天南地北的一线 HR。我们回答着别人的问题，也提出自己的问题，在冰冷的人世间抱个团，取个暖。

以下是大师兄孙孙的回复，我已获得授权发出。大师兄不是我徒弟，是我们的群管。管理员即免费、义务劳动力的意思。还有小明、小水、小元，提问题的薇薇安，还有好多，不一一点名了，全都是苦力，借这篇表达感谢，感谢你们的陪伴，一路上我才不孤独。

大师兄回复：刚刚看到邮件，回复得比较晚实在不好意思，有以下几点想法：

1.梳理一下近期的招聘需求，职位，级别，节点，特殊情况等。

2.个人的招聘可以不限范围，大家分别有侧重。可以从级别上区分：经理级、主管级、专员级别，也可以从岗位上面区分：职能类、开发类、分析数据类。招聘组人员对职位有侧重招聘，但是不单一，这样对招聘组人员的发展和效率能提高。

但是对于招聘经理或者高级主管可以根据招聘需求，要求招聘经理每月至少完成2名经理级以上的招聘，招聘组成员每完成一个高级主管级以上级别的人，可减少1.5~2名专员级级别人数。

3.招聘考核指标。

A.根据招聘需求确定每月招聘岗位及个数，每月入职人数作为绩效考核的重点考核，根据招聘人数及入职人数比例确定绩效分值，占到每月绩效指标60%+。

B.招聘考核项目还可以包含人才信息库；招聘网站维护情况；面试到场率；竞业公司分析等等。

以上是个人浅见啊，因不太了解情况，大家随便瞅瞅哈。

the sixteenth day

|第 16 天 |

薪酬、绩效

我绝不能恐惧，恐惧是思维杀手，恐惧是带来彻底毁灭的小小死神，我将正视恐惧，任它通过我的躯体。当恐惧逝去，我会打开心眼，看清它的轨迹。恐惧所过之处，不留一物，唯我独存。

——《沙丘》弗兰克·赫伯特

"每次在发放工资条的时候，总会有员工问为什么工资表里会有那么多项，我每次也回答他们这就是公司的薪酬制度，实际上我自己也不知道为什么要做薪酬结构的划分。薪酬结构划分的意义在哪里？一般企业的薪酬结构划分是有什么依据呢？"

大约我和题主一样大吧，第一次接触到工资表的时候，也有这样的困惑：干吗做这么麻烦呢？要列举这么多项目呢？还嫌我不够忙吗？是不是法规的要求呢？

1995年《劳动法》，叫做主席令第28号，看起来就自带背景光。其中第53条：《劳动法》中的"工资"指用人单位依据有关规定或劳动合同约定，以货币形式直接支付给本单位劳动者的劳动报酬，一般包括计时工资、计件工资、奖金、津贴、补贴、加班工作、特殊情况下支付的工资等。

再看一个老文件，国家统计局令（1990）1号第四条：工资总额的组成有六个部分，吧啦吧啦，其实说的和主席令大致相同。

当时的我，可开心了，以为找到真理：哦，原来工资条上这么多项目，是因为有规定啊。

不多久，高温天气到来，该做高温补贴了，闲置半年工资条中的"高温补贴"项，终于填进数据了；又不多久，因为业务调整，需要有人值夜班，给夜班人员增加了夜班补贴，补贴项目再次得以丰富；再不多久，两千大洋招不到前台，我为了写给前台调薪的报告，绞尽脑汁，终于给我想到：我们前台是要求化淡妆的，但公司当然不会提供化妆品……我的报告提出给予形象津贴××元，领导批复：理由充分，准！解决了前台难招的问题。

小半年的经历启发了我，原来津贴是可以活用的，不能整体调整薪酬制度，微微调整某些津贴，不要太好用。

现在，资深了，会遇到做小老板的亲朋好友咨询薪资结构，我通常会建议：岗位津贴、话费补贴、交通补贴、夜班补贴……只要你能想到，最好都列进去。当员工和其他公司比较：老板，您看，别人公司有什么什么补贴。你可以骄傲地说，我们都有哦，福利很齐备哦（其实总额还是3000元）。

如果你的工资条上没有这些补贴，你用什么理由说服员工？我们总额其实比别家高？即使真比别人高，员工都不会满意。类似刚刚过去的618，同品牌同型号的电动牙刷，第一家卖358元+8个刷头+充电器+水杯，第二家298，什么都没有，你会选择哪一家？明明知道商家把赠品的价钱放进总价了，我们还是沾沾自喜觉得沾到便宜，苦守第一家凌晨的秒杀。

而有趣的是，至今，我未找到一条法规要求工资结构必须有哪些项目，可见，当年我的想当然是错误的。

但机智的 HR 们，结合实际工作中可能会出现的状况，给工资分出了五彩斑斓的结构，孙孙说他们家工资表78列，静水马上哼哼，我们家108列！

总结：问题一，薪酬结构划分的意义？

1.符合国家规定，该给的津贴、补贴能有一列能让我们填数据，否则发高温补贴那段时间做新的工资表吗？如果工资条上没有这一列，单独发补贴其实也没关系，只是这些内容仍然计入工资总额，合规的公司是按这个总额为基数交社保的，也是按这个总额计算个税或经济补偿。在一起，方便后续的归总计算。

2.国家还有些规定是按基本工资计算的，比如生育津贴，大多数地区按上年度职工月平均工资的标准支付，但也有按基本工资加物价补贴算的。企业只有一个工资总额，没有划分出基本工资，就亏了。

3.有结构，就会出现组合，有组合，就有灵活性，只有一个总额是怎么也组合不出来变化的。比如，调薪不是一件随意的事，调整补贴相对容易。或者当遇到员工病假，明明一个月都没有上班，你按全额5000元发，还是按2000元基本工资 × 当地规定的病假比例发？因为病假，所以没有绩效工资，按基本工资 × 当地规定比例，是合理的，至少我所在的地区是合理的，得到劳动部门支持的，这样，企业就省钱了……这样的例子还有很多，不一一列举，做薪酬筹划的老师比我更专业。

第二个问题，一般企业薪酬结构的划分有什么依据？

我说说我设计薪酬结构会考虑哪些依据，个人经验仅供参考，不是所有企业都这样。

1.人资相关法规为依据。

比如《劳动法》第53条，《劳动合同法》第27条、《工资支付暂行规定》、《关于规范社保缴费基数的通知》，该文件中，有补充住房公积金、补充养老保险金可以不计入工资总额，也就是说可以不纳入缴纳社保基数，合规的公司这条用得上，大多数按最低缴费基数缴纳社保的企业用不上，反正他明着不合规了，都不需要找条款来避讳。

2. 其他相关法规为依据。

一个被广大 HR 忽视的文件《企业会计准则第9号职工薪酬》，薪酬一定有钱和不是钱两部分，钱的部分一定和财务有关，看看财务上的规定，对我们厘清什么是薪酬，大有裨益。具体条款不列举，字数太多，搜搜更健康、环保。

3. 企业的实际需要为依据。

比如我上面讲述的故事，为了减少不必要的成本，薪酬划分成基本工资＋奖金＋绩效＋福利＋津贴这5块是一定要有的，其中再怎么细分是各企业自己筹划了，你要做78列还是108列，你随意，本人不鼓励如此大费周章，员工看不懂的工资条不是好工资条。

工资表和工资条也是两会事，工资表是给 HR、财务、老板看的，工资条是给员工看的。题主公司若工资条难倒 HR，倒是可以向上反映反映，是否换一种员工能看懂的工资条呈现方式？比如各种细节不要打印出来，和生产车间员工无关的项目奖金就不要放进一线员工工资条里，而给项目部员工的工资条，就不要显示和他无关的计时工资等等，员工能看懂工资怎么算的、钱怎么扣的，就行啦。

1. 同工就要同酬？

"公司实行改革，欲通过对生产工人实行计件制的形式来提高产能，这个举措导致了一小波的离职潮和观望潮。原工人工资有高有低，实施计件后，将全部实行统一标准，打破了原来吃大锅饭的局面，对原高工资的人来说，他认为自己吃亏了。针对这个情况，我考虑过用技能补贴的形式来"补差"，但经过了解，并不只是工资较高的这个岗位工作难度大或他的技能水平高，每个人在自己所在的岗位都是"专家"，所以这一招似乎并不能用，计件工资要如何设计，才能体现同工同酬？针对没有计件的那部分人，如何激励更好呢？"

先说同工同酬，谁说就只要同工就要同酬？同工同酬理论上叫做按岗位付薪；做同样的工作，按产生的效果不同付薪，这叫按绩效付薪；又或者按能力不同，不管产生的效果，这叫按能力付薪。各种付薪方式又各有弊端，群里发的薪酬书里有弊端汇总。所以，现在也很流行3P薪酬设计，把岗位、能力、业绩结合起来设计薪酬，不是每一家公司都适合，你们按岗位＋绩效更适合，也就是你们现在正在做的岗位工资＋计件工资。

计件也有保底计件和不保底，保底是不同岗位底薪不同，在完成多少件之后的部分算计件；不保底，是不同岗位计件的标准不同，比如切成鸡块的工人，切一锅3块钱，炸鸡的工人，炸一锅5块（随口说的数据，不具参考性），用哪一种计件都可以，同样，有利有弊。

当然，各种方式，都是"专家""学者"事后总结的，理论都来自实践，又经过实践的反复检验，并在实践中得到丰富和发展。大学时，我一直没弄明白理论和实践的关系，考马哲靠硬背书，工作以后，就懂了。很多时候，我们谨记理论的时候，做事会放不开手脚，总怕自己哪里不符合教科书了，但忘记其实我们正在做的，书上不一定能找到，但也许以后就会成为书中的理论。

说这么多，一个意思：大胆设计，符合实际就行了，同样是钳工岗，也有1~8级，电工就比钳工工资高？那也不一定，你们这里电工很好招，工资就会比钳工低。用市场和公司实际情况来决定薪水，是最合理，最简单的方法，但我们做人资的总不敢这么轻易做，总想着用复杂的方法，否则不能显示专业。下图是真实的，我们公司的岗位评价，是不是太草率？但有用啊。

岗位名称	难招	不可替代性	培养难度	小计
高级程序员	5	5	5	15
高级测试	5	5	3	13
审计经理	4	4	5	13
产品经理	4	4	4	12
项目经理	4	3	3	10
人资经理	4	3	3	10
人资专员	2	2	2	6
财务经理	2	3	3	8
会计助理	2	2	2	6

再换一句话：如果你是这家公司的老板，你要如何定薪？我怕这个人离职吗？我愿意给他多少钱？这个岗位对公司非常重要吗？想象公司是你开的，去设计，会灵感如泉涌。认为薪酬改革后自己吃亏的人，会离职吗？不会，那就是这个薪酬还可以，会，那就重新设计。在纸上多测算几次，多搜集同岗位市场薪酬水平。第一个月可以不改革，而是收集数据，算两套工资。按计件，各

种岗位各可以拿多少？或者把历史数据带入去算，有了数据就好说话了。

没有计件的，以前拿平均奖，现在可以先维持平均奖这个概念，无非是之前算的是加班费的平均，现在算计时拿到的总薪水的平均。条件允许，再增加管理奖。把安全、质量、效率指标放进去，3~5个，不建议太多。安全事故，一票否决，质量达不到标准，一票否决，未按时完成工作，扣分。算个总分，达到多少，给多少管理奖。简简单单，员工能看懂，会自己算。如果觉得现阶段提取指标有难度，再用更简单的：月度工作达成率，月初你的工作计划是什么？月末完成情况是什么？不需要担心计划提报有人耍花样，给自己定少一点、难度小一点，多数人为了显示自己工作重要，都还是会据实提报，明显不合理的，更上一级领导还可以提出。

只要是有交表的、算分的，不可避免会形式化，世界上没有十全十美的分钱方案。既然任何方案都有利有弊，就大胆定方案、去测算。到底有没有用，好不好用，都只能用实践来验证。

据说你们公司要上市或股权转让？多做点表格，一定能为上市或股权转让加分！

是谁出的题，这么的难！到处都是正确答案！

2. 绩效管理随笔

难题：这两年公司发展得很快，老板聘请了一些高薪的职业经理人，为了能够更快地体现这些管理层的价值，提高公司业绩，老板给所有管理人员都定下了考核指标，并且表示"我不管你怎么做，我只看最终结果"，所有工作都以结果为导向。一些管理人员很不适应这样的铁血管理，有些优秀的人来了没多久就走了。我也认为只关注结果，不关注过程的做法很不合理，但又不知道该怎么和老板说。请问老师，绩效考核应该更关注过程还是更关注结果？有哪些利弊？

回答：最关注结果的大天蝎，要谈谈绩效是过程管理。

关于绩效，我都懒得说了，绩效考核是什么，不仅包含劳动者劳动活动的结果，还包含劳动者潜在的劳动和流动的劳动，不仅要考核结果，还要重视过程中员工的表现，业绩是最终劳动成果，过程中的态度、行为的变化是内因。道理大家都懂，白纸黑字写在教科书上呢，搞不好11月份的人资管理师考试也要考这一题。

如果你问我，那你要考核什么？我会回答，我考核过程。广告说得好：从内而外的美，才是真的美。抓住了内因，才有外显的结果。

题主问的是有哪些利弊，但这次我想走个题可以吗？不行也行了，反正我写了，愿意看下去者，则看看呗。

凡事有利有弊，分析有什么利弊，没多少意思，就像你分析张曼玉和王祖贤分别美在哪里，不美在哪里，我更想说，她们的美，在哪种时候能更大地发挥。

先说说王祖贤吧，不对，先说说结果导向吧。老板为什么要结果导向？难道什么是绩效管理他不懂吗？如有时间，他们也愿意更关注过程，可严峻的市场给老板时间吗？迫于形势（用高大上的词，是环境），不得不短期见效，于是，不能不结果导向，老板大多短视，他们也没错。中国百年企业难有，十年企业都难有，所以，你甭费力去说服老板，想想怎么更好地贯彻执行、减少员工反弹、流失。

如果是我，为什么能关注过程？第一，我是公司老员工了，老板不需要考核我的能力，知道我行；第二，我有时间去追求长期效果，公司也愿意给我时间；第三，个人偏好，喜欢循序渐进，不要铁血。老板认同这种管理风格。如果，你们公司有这样的外部环境和内部条件，也可以学我。

回到题主提供的现状，我想提供点解决方法供参考，走题真走得厉害，恨不得要走上火星了，请见谅。

一种方法：老板要的就是高流失，这几年流行高管流动率一年30%，流水不腐，不断为企业廉价地带来新东西，这一流行是从某大企业发起的，是哪一家我就不说了，所以，他做不成百年企业，我拭目以待，当然，我也活不了这么久，留给比我年轻的你们去拭目以待吧。

你对人寡情，人对你薄意，新东西有多少好东西，不得而知，新东西能撑一口气，让公司这一段时间缓过劲来，还是可能的，如果你们要的是先活过来，如此也不妨。

一种方法：招高管的时候，就招认同铁血的，不是一家人，不进一家门，不认同的人，迟早还是流失，他是好管理者，但不适合你们公司。

一种方法：政策铁血，贯彻政策的人柔情。比如要求儿子8月1日~10日，10天完成10篇作文、10份化学卷子，老师要求的，我只是配合实施。结果是3个10，过程是某天38度高温停电，要不要做作业？某天大雨封路，买不到菜吃，一天吃素面条，要不要做作业？我可以做的是提供参考意见和心理辅导：

1.做不做不管，10天后有结果就行，但你要预测到今天不做，明天双份能不能做完？今天不做，以后每天增加10%可不可行？如果预测到要停电，能不能事前多做一点？

2.烦躁的时候，要不要一点文体活动？遇到难题的时候，需不需要加油鼓劲？压力过大的时候，爹预备骂你，我要不要拦住？

同理，在工作中，当我们追求结果导向的时候，其中可解决方案的提供、压力的缓解、心理问题的疏导、适当的时候拦住老板的责骂，这一切都是我们可以做的过程管理。如果，你们公司给予高指标高报酬，这样的结果导向，我倒觉得挺合理。

题外话：在世人眼中，天蝎腹黑、心机深，对结果孜孜不倦，可我也没觉得不好。我是一只怀揣善意的蝎子，有心机，但不婊——

tips: 绩效考核，有效更胜格调

我们公司绩效考核只针对终端门店店长和品牌经理人，暂未开展全员绩效。因为在推行绩效的初期上层领导的支持参差不齐，再加上公司内部关系复杂，权责不清，业务流程繁琐，所以绩效推进步履维艰，目前被迫宣告暂停。但这并不意味着我们会不做绩效推进，因为这是公司未来发展的必然趋势。

现在我们想通过人才梯队建设，将绩效管理慢慢嵌入其中，目前遇到的困惑是我们该如何才能将绩效考核和员工培养、组织发展三者有效地结合在一起，来实现推进绩效管理的目的？

回答：

每每提到绩效这个话题，我都心生厌恶，绩效考核，对于年轻时的我，就是梦魇！

当某公司大区人事经理的时候，彻夜加班按集团的方案计算员工绩效，边

算边骂：这是人做出来的方案吗？ 10个指标，20个公式，填表、开会、设计打分标准、计算得分，绩效管理变成了统计学，人力资源管理变成了算账的。在计算中，我们忘了推行绩效管理的最初的目的。

次年，又换了咨询公司方案，更晦涩，更难算，从此恨上咨询公司。某老师说：77，你可以转型做咨询师，我在心里比了个手势。咨询师就是把烧饼包装成比萨的厨子，关键是，烧饼还是买来的陈货。我宁愿做个揉面、调味、烤制全程原创的烤烧饼的师傅，也不愿意做个中央厨房加热上色的厨子。

但，这次关于绩效管理的问题打动了我，它提到了我最喜欢的两个词：有效、目的。

《绩效主义毁了索尼》这篇文章曾热议，作者认为：正是盲目引进美式的绩效主义使得索尼丧失了激情、团队活力和创新精神，最终导致它在数字时代的失败。

2013年出版的《绩效致死》讲的通用破产的故事，其核心观点是：专注于数据、图表、分析，纸上谈兵、追求短期利益，最终会侵蚀企业的核心竞争力。绩效管理不应该着眼于一时一地的得失，而应该从企业真正提供的价值和未来的发展着眼。

这些消息，都让我振奋，不是不要绩效管理了，而是绩效管理终于要回归到它的本源：绩效是组织为实现目标而展现在不同层面上的有效输出；绩效是员工和组织之间的对等承诺关系；绩效是员工按照分工所确定的角色承担他的那一份职责。

这正是提问者问到的：我们该如何才能将绩效考核和员工培养、组织发展三者有效地结合在一起，来实现推进绩效管理的目的？

绩效考核，向来是 HR 头痛的环节。陷入传统的绩效考核观念的 HR，一定会在方案中强调"结果"，我猜对了没有？你是不是这样想的？那你极有可能为自己挖了一个坑。为什么这么说？我们可以试着问问自己：到底谁能决定最终结果？影响最终结果的因素又有多少？事实上，我们真正能掌控的只能是自己的行为，只能是过程，至于最终结果如何，太多影响因素了，你要把这些因素都考虑到，你的方案又变成天书，何况按照墨菲定律，你一定考虑不周全！于是在执行中，诸多讨价还价、诸多漏洞填补，你又翻身变成救火队员。

强调结果会让企业充斥着短期行为，再好看的"数字"也只能使企业高兴一时，而无法推动企业获得持续成长。我们要怎么办呢？

一个简单的、有效的绩效管理方案是：通过引导、激励员工正确的行为来构筑企业成长，并由此产生好的长期结果。人才梯队建设，就是一个引导、激励员工正确行为的方式。在此方式中，也提醒提问者注意几点：

1. 人才梯队建设一定要把阶段性结果和最终结果整合起来，对阶段性结果的考核实质上就是对过程的考核，就是对行为的激励。

2. 企业的发展速度够不够快？人才你给培养了，有没有位置给他？所有人才梯队做得好的企业，一定是发展良性的企业，版图扩张了，才有更有的城池需要将领。

3. 越高级的职位承担的绩效考核指标越倾向于最终结果，越下级的职位承担的绩效考核指标则越倾向于过程。他对什么负责就考核什么，他没有权限负责的，请一定不要考核。如果一个人对某件事情不具备足够的影响力，你再如何去考核他、激励他，也不会产生好的结果。

4. 投入资源，比如说，对服装零售设立了产品铺货率的考核指标，却不增加销售人员和铺货费用，这个考核指标设了等于白设。纵是神仙，也不可能在缺乏资源的情况下开展工作。

说了这么多，请问，你觉得你按照上述套路，做出的考核方案，能将绩效考核、员工培养、组织发展三者有效地结合在一起，来实现推进绩效管理的目的吗？

此处无掌声啊，好吧，77再说明白点，作为一个资深烤烧饼师傅，如何操作的建议是：

1.绩效方案一定要简单，不仅人力资源部的全体成员能看懂，每一个员工，哪怕保洁、保安也能看懂。简单，才能参与其中。如何设计一个简单的方案？把自己代入角色，想想你作为被考评者，看得懂吗？对你有吸引力吗？这个方案会激励你吗？再想想你作为考核过程计算者、结果运用者，你会边算边骂吗？还是边算边兴奋？

2.在你的方案中，巧妙地植入组织价值观。组织在自身持续发展的过程中，会不断提出新的价值观以更新自身的企业文化。而那些新的价值观是员工不熟悉的，甚至是抵触的。因而，新价值观的构建就要通过绩效指标的设计来实现。

3.绩效方案设计更注重企业的、员工的未来，对员工行为和产出进行管理。而提问者提到的人才梯队建设，无疑是一个好的切入点：在完成组织目标的基础上，重视员工的发展，制定人才梯队计划来实现员工的个人价值。

此处还是无掌声？具体操作步骤也告诉你：

1.设定人才标准，不同人才，标准不同，升级方式不同；

2.根据不同的标准，设定考核指标，简单，切记要简单；

3.指标中一定暗含企业倡导的价值观；

4.不要忘了绩效管理的流程，如反馈环节，切记不要遗漏，且非常重要，形成非单方面接受指令的积极氛围；

5.企业的发展让每个参与人才梯队计划的人，都能明明白白看得到，信得过。

世上没有包治百病的药，也没有通用的普世方案，但有了烤烧饼的基础技术能解决大部分问题。通篇看下来，你找到我烤烧饼的技术了吗？简单的，实用的，快捷的，有效的，马上能吃到嘴的，你比我更熟悉你们公司的情况，能问出这么好的问题，相信你能做出比77更好的方案！

the seventeenth day
|第 17 天|

工作推进

凡事起始之时，必细斟细酌，以
保平衡之道准确无误。

——《沙丘》弗兰克·赫伯特

本来，这一节我想写授权与委派，团队工作中，授权是门很有用的技巧，但提笔才发现，授权、委派之前，甚至任何管理工作之前，得把工作分析做了，我希望通过下面几个简单例子，把工作分析、岗位评价、流程诊断的面纱揭开一点点。上述提到的这些，在实践中真的不是难题，上升到理论派就变成了难题。

小元说：姐姐，我陷在做公司考核指标中了。我回答，指标是一直存在的，你只需要找到它，而不是创造它。绝大多数公司都是中小型甚至微型公司，截至写这篇文章的时候，还有读者问：老师，您的意思是小公司主观判断岗位价值就可以，不需要客观？客观，是实际存在的、具体的，我想，我下面举的例子都是客观的。

看似不靠谱的指标，也是经过实践论证适合我们公司的，各种这个"氏"那个"氏"开发出来的起源是什么？开发时代是哪个年代？适用于什么类型、规模的企业？不知道大家想过这些问题没有。

2000年商务印书馆引进的《高尔管理手册》上已经写了：白领工作者的工资始终不像工人工资那么有层次、标准化。这句话把工资替换成岗位价值，有一样的含义。

儿子今年高三，上课时间因复习内容无聊长期睡觉，老师忍无可忍找家长。我试探儿子：是不是老师讲得太简单，要不要换个学校，也许其他老师讲很难的题，这样你听不懂，上课就有好奇心了。

儿子说了两句话：

1.学习是自己的事，和在哪所学校没有关系；

2.难到我听不懂的题，不会在高考范围，没必要听。

上课睡觉是不对的，但儿子说得没有不妥。

1. 工作分析

//·岗位说明书·//

问妹子在忙啥呢？她说在写岗位说明书，新招的前台不清楚要做哪些工作，副总让她更新岗位说明书。这个活你居然可以独立完成，不需要咨询77？她说，岗位说明书还不简单，一搜，二改，三还可以参考招聘网站上的职位说明，副总都夸我干活利落，一天就做完了，还很美观。

岗位说明书是工作分析、工作评估的结果，分析和评估，不是一搜二改三美化，它一定是科学的。

岗位说明书7大功能：

第一大功能：该做啥；

第二大功能：什么人合适这个岗位；

第三大功能：衡量员工能力差距的标尺；

第四大功能；考核指标的蓝本库；

第五大功能：培训工作的重要依据；

第六大功能：员工职业生涯规划之依据；

第七大功能：部门负责人对员工的管理依据而编制。

而岗位说明书之前，一定要做工作分析，比如前台什么时候正式开始工作？都做哪些事？中间休息几次？最常见的5项职责是什么，分别占用多少工时？需要运用到哪些技能？其中特别棘手的问题是什么？工作中会涉及哪些商业秘密或公司机密？需要和哪些人或部门交流？工作中对计划性需要的程度？工作重复性有多大？

当你通过观察、访谈、甚至问卷等各种渠道，收集到各种关于这个岗位的工作信息，进行分析就会发现岗位的价值在哪里，难点在哪里，常规失误会出现在哪里，可优化流程有哪些，工作完成得好的标准是什么……

专业性，就是这样体现出来的。

在工作分析之后，我们还能做什么？工作扩大化。可以横着扩，在没有很大意义的工作上，增加一点新的、有点意义的工作，激发员工的积极性，适当增加一点工作难度，比如前台妹妹接待一天访客和快递小哥，枯燥无趣，你可以建议她接受打招聘邀约电话的培训，学习一点新技能，同时也能帮你分担任务。工作也可以竖着扩，比如让前台妹妹参与到行政计划的制订中，自己决定工作目标和作业程序，多一点责任感和参与感。

妹子追问："公司旧的岗位说明书上，只有奖惩和审批，我增加了建议权和执行权，可还是觉得词穷，我语文是体育老师教的。"

77送了她几个权限中常用词：提案权，审核权，考核权，监督权，审计权，申诉权，知情权。

权然后知轻重，度然后知长短。词穷，不是语文没学好，是专业度不够。

//·岗位价值评估·//

提问：公司几年前请咨询公司做了一次岗位价值评估体系，涉及一千多人，500个岗位。现在老板要求重新做一次梳理，本人无经验也不专业，请教：岗位价值评估该如何进行更新？

一、澄清问题

1000多人，500个岗，平均3个人就不同岗位，你们是要上天？有人说，某些专家就不能好好说话吗？别人诚心问问题，总是以骂开场，我大约就是那某些人。在此澄清，我仅代表我自己表态：绝对不是骂提出问题的人，是强烈谴责发生问题的背景！

咨询公司做的体系，居然有500个岗，我想咨询公司是否弄混了工作流或工作职责与工作岗位的定义？一个岗位可以有很多工作流或职责，就像一个人要做很多事，不能做一件事就是一个岗，岗位梳理的价值之一，就是精简、合并工作流。

二、关于解决问题的三个建议

建议一，跟老板提议，据说，某大型电力集团，一共不到200岗，某大型家电生产销售集团，一共也不到180岗，我司原岗位评价系统是否有误会的地方，是否需要咨询公司打补丁？把当年签的咨询项目合同找出来，看看有没有相应后期跟进条款，有的合同真的会签三年内免费更新一次。

建议二，跟老板继续汇报，原咨询公司合同期已过，是否需要寻访新咨询公司，完善岗位价值体系？

建议三，以上老板都不理，须你不借外力承担此项工作。

方法1：找出咨询公司做过的历史文件，依葫芦画瓢，照流程走一遍（虽然个人认为，应该是个不够靠谱的公司做的，但既然老板认可，你照着做已经是大成就）；

方法2：历史资料也没有了，应该不可能，否则题主手上用的500多岗位价值怎么来的？即使没有了，也可以找到咨询公司要到历史文件，特别是过程文件。此刻，77只能不负责任地告诉你方法和步骤，负责任的做法是现场诊断，找出合用的工具，而不是凭空给你个工具。

三、如何识别需要重新评估的岗位

当你遇到这些问题的时候，就该重新评估：公司发展（或结构调整、业态变化）了，要设置哪些岗，需要配多少人，需要完成什么事，员工是不是经常抱怨岗位职责不清或者绩效指标不合理？

四、岗位价值评估的操作方法和步骤

岗位价值评估有哪些方法？岗位排序、参照、分类、比较、要素计点评价法、海氏三要素评价法、美世职位评价法、翰威特评价法等。

但可是，我并不知道你们的原系统采用什么评判标准，只能写到这里了。

此处一定有人评论，每次77写文总伴随这样的评论：题主明明问 A，为什

么你答 B，于是，我不得不再次澄清，遇到问题解决问题的思路如下：

首先定义问题，比如这次，题主的问题是岗位价值评估什么时候做，怎么做，结合他问题的背景，会发现原有的岗位价值体系颇有问题，在错误的基础上，答什么还是错，工作出不来成绩，你知道了一堆方法、步骤和工具有什么用呢？

识别问题中的问题后，思考如何消除错误条件、有哪些资源可以运用，在本案例中，即建议一、二错误条件消除了，后面的问题就不是问题，不需要题主去做这个工作了，岂不是更好。无法消除时，再考虑如何解决问题。就像你明明可以坐飞机去深圳，一定不坐，要先坐火车到河南，再从河南转汽车去，当然，你喜欢尝试各种工具，我也没办法。

如何解决？有太多方法，适合你们公司的，说实话，真的适合找外援。不专业、没经验怎么独立操作庞大公司的岗位价值评估？我一篇文章教不会的，我有这个自信。

// · 岗位价值评估实例 · //

对我而言，干得不能再干的货，你拿去不会用，也是废货。但是，你能完全照搬拿去用的，一定不是干货，是淘宝卖家秀，我的意思，你明白？

下面，我展示买家秀，我穿身上是这样的，供你参考。

第一阶段：确定试点部门，做出试点部门的岗位说明书

流程如图，借鉴了咨询公司梳理岗位的方法，但只借了我能用上的，相应会有各种附件，比如工作日志、访谈问卷等，请自行根据企业情况补齐，这一阶段非常重要，哪怕时间多花一点，也请一定做扎实。

岗位评价试点工作计划			
序号	阶段	主要工作	时间（天）
1	准备工作	现有资料收集与分析	3
2		确定需补充收集资料	
3		选择使用工具	
4		排定实施日程	
5	实施前期	召开部门会议	0.5
6		公布日程、发放工作日志／问卷	
7		告之填写方法	
8	实施中期	记录日志与现场观察	5
9		整理日志、观察记录	
10		基层访谈和中层访谈	
11	实施后期	资料整理、分析	3
12		针对结果与该分析岗位的上一级管理人员进行沟通和补充	
13		据分析结果确定是否再次收集	
14		修改定稿	
15	改进试点完成情况	修改、补充工作量分析程序及实施办法	2

第二阶段：根据企业实际，选择评估的方式

通常不是超大型企业，不会选择海氏，一般企业会选用专家评分、排序、分类法。具体方法，各方法的优劣如图：

方法	是否量化	评估的对象	比较的方法	优点	缺点
排序法	非量化	对职位整体进行评估	是在职位与职位之间进行比较	简单、容易操作、省时省力	主观性大、无法准确确定相对价值、适用于小型企业
工作分类法	非量化	对职位整体进行评估	是将职位与特定的级别标准进行比较	灵活性高、可以用于大型组织	对职业等级的划分和界定存在一定的难度、无法确定相对价值
因素比较法	量化	对职位要素进行评估	是在职位与职位之间进行比较	可以较准确确定相对价值	因素的选择较困难，市场工资随时在变化
评分法	量化	对职位要素进行评估	是将职位与特定的级别标准进行比较	可以较准确确定相对价值、适用于多类型岗位	工作量大

第三阶段：实施岗位评价

1.把职位名称给理清楚，职级和职位别弄混。

2.同一序列中，选出基准岗位，见下图的例子岗位，仅仅是举例，我们公司用着挺好，但你完全可以替换成其他基准岗位、评判因素，如工作任务量、对业务的关键程度、知识技能、沟通能力什么的。

3.选什么作为比较的标准，也就是我们通常说的评价因素，不建议多，我们公司就三个：这个岗位市场很难招，比如高级程序员、高级测试、审计经理等，这个岗位不可替代性，各部门文职、助理都是可以混岗的，替代型就强，内部培养难度，比如培养项目经理相对容易，产品经理相对难。

4.其他岗位跟他去做比较，此处借鉴了海氏原理，但重型武器，我掌握不了，故只节选我能用上、也会用的瞄准器这一个部分，岗位比较的工作类似做拼图，其他岗位跟这些岗位比较后安插。

岗位名称	难招	不可替代性	培养难度	小计
高级程序员	5	5	5	15
高级测试	5	5	3	13
审计经理	4	4	5	13
产品经理	4	4	4	12
项目经理	4	3	3	10
人资经理	4	3	3	10
人资专员	2	2	2	6
财务经理	2	3	3	8
会计助理	2	2	2	6

2. 工作评估

提问：我们公司研发部有一个入职2年、40多岁测试老员工，做事勤恳，但就是很马虎，经常出错，认错态度也很好，和同事关系融洽，请教大家，像这样态度好但能力差的员工，是应该继续留用还是果断辞退呢？

一、测试员的核心能力和工作态度是什么

进行岗位分析：测试的核心能力是什么？耐心、细心、不出错。测试就是把关环节，这个环节可错不得。当我们能准确定义一个岗位的核心能力，这个

问题的答案，不用我再说了吧。

认错态度＜工作态度，测试的工作态度，就是要求认真负责啊，而不是不负责事后认错再改，所以，该员工态度也差。

测试，我没查数据，凭个人经验，大多是女性，大多是年轻人，这个活就需要长期钉在位置上跑数据，难度不算大，多数人是作为转程序员的跳板，少数人精耕后成为测试老大，而一个40岁还做测试普通员工，很少见。不排除部分人深深爱着这个工作，也没有野心，安于做好这份工，这自然也是极好的，问题中的员工，可能不属于这类。

或不爱，所以疏忽；或不在乎，所以疏忽，或技能差，所以错；或2年一直情绪不稳定，所以错；或对领导一直不满，用出错来表达……可能性太多，无法一一推测，也不太需要推测，个性很难去改变，能力在短时间内也难改变，这些都不是解决问题之道，结论：换将，并让对方明白自己必须做出改变，今后的路才能顺，这个是我们该做的。

我们说点别的：用数学方法解答人力工作问题。下面转画风了，请注意。

二、非专业人士如何去判断技术上的孰是孰非

但，测试的错是研发经理指出，这个问题上，我有不同意见。测试，是给研发成果做质检的，被质检方提出的错，未必是真的错。

前面所述，是我们假设研发经理说的错就是错，于是有以上结论，但如果不是错呢？我们这些非专业人士，如何去判断技术上孰是孰非呢？

这家企业在组织结构上有些许瑕疵，测试即使不独立出来，由研发经理领导也是可以的，工作效率会更高，但就会存在对错误的定义存在争议的问题，又是一个两难题。不是让我们去改组织架构，去独立测试部，而是我们能不能用工作流程去减少对错误的模糊定义？

不恰当的比方：研发和测试，类似会计和出纳，现在会计说出纳经常错，出纳并没有争辩，而且去改了，但他可能改的是按会计账面去调整现金账面，得到会计满意的答案，但，这是错的啊。看到这里，能明白我的意思吗？

再回到非专业人士如何去判断技术上的孰是孰非，方法一：公司有技术大牛的，好了，他来判断。方法二：无技术领军人物，几个小咖发挥皮匠精神，讨论出诸葛亮般的最后决议；方法三：研发经理牵头，对高频问题作出测试流程和工作指南，到底是测试的错还是研发的错，一目了然。

三、用数学方法解答人力问题

题解到这里，数学方法浮出水面，第一步：论证条件是不是正确的，上面的案例，我们得到两种可能，实际工作中，也许有更多可能；第二步：根据不同条件，去推导；第三步：得出结论即处理问题的方法。

从一个员工的处理上，我们推演出判定这个岗位的标准要准确，再推演出岗位和岗位之间协作与监督要准确，最后才是判定员工如何处理。

3. 优化流程

—————

"77姐，我在公司的人力中心工作，各项人事流程过于繁琐。转正表都有5678张，现在人事发下去的转正表，都没有人愿意提交，宁愿不转正。"

大公司流程繁琐是老问题，就算改流程的权限，也不是一朝一夕可以改变。

比如案例中的公司，明眼人一看，最好的方法是改组织架构：去中心化。真的去了，提问的人位置也不一定有了……

还有一个解决方法是修改审批权限、做分级授权、减少审批环节，但显然，提问的人还不足以有权力去做分级授权，就算有权，公司也未必批准做。什么时候集权，什么时候分权，是高层需要考虑的，我们暂时没到那个咖位。

一首歌能深刻表达走流程的煎熬：想得我肠儿寸断，望得我眼儿欲穿，好容易望到了你回来，算算已三年。我们在等待文件批复的过程中，真的犹如等情郎，等来了，又开始新流程签批，最后，等烦了，不报批了。

不能改组织架构、不能做分级授权，以上都暂时无法做，我们就只能受流程繁琐的煎熬吗？那也未必！

首先，我们还是得熬煎一下，把自己熬稠、煎黄，这么做是有价值的。如果没有权限对流程进行修改，先改变态度，去接受它。我们的小 V 说的，无法改变，就接受或者离开。我不鼓励轻易离开，先尝试着接受呗。找男朋友也有优点有缺点，工作也有喜欢的部分和不喜欢的部分，那都是工作。

接受它，怎么做？自己严格执行流程、把相关人员都训练得会操作流程、并逐步变成会快速操作。5~6个表签字不算什么，流程熟悉，3分钟也能点完。一个月又有多少要转正？100个？也就300分钟，一天能办完。培训形式可以更简单便捷，比如把各种流程做成动态图，需要操作的人，都发一份，随时随地学习。

在想去改变任何一件事时，我的建议是：尽自己最大能力，把它做好，先不要想着改变它，做到最好的过程中，具体哪个环节是可以优化的，真的会自己跳出来。

类似于这家饭堂到底有多不好吃呢？早餐的粥太清，那包子呢？包子馅新鲜吗？那面条呢？面条挺好吃？那泡打粉添加的计量符合国标吗？以此类推，还有中餐、晚餐、加餐……

每一个菜品都极致地品尝过，还不止一次尝过，深入地思考过，优化方案就能出来，这个时候，改变是顺理成章的。

比如转正的5~6个表，是需要完成一个才可以进行下一个呢？还是说揉进一张表不影响逻辑关系呢？如果可以揉，就建议上级是否揉揉看，提出具体怎么揉成一张表的设计。具体这家公司的电子签设计我不清楚，只能这么稍微举例下。

再比如，时间上能不能固化，每周二下午，就是提报各种人事流程的时间？而到了这个时间，各分公司对接人，习惯性地在线操作，有疑问，中心人事同步解决。

对接人特别多的时候，能不能安排分公司某人兼任人事对接工作呢？让他去跑动督促该点审核键的人。通常，有人资中心或管控中心，或什么中心的，下属分公司会有对接人的设置，这个人也通常会对接全部的中心，销售报表、人事、行政、财务，总之涉及后勤事务的，都是他，超级打酱油员。这种岗位的设置，也正是为了弥补流程繁琐、群情激愤的弊端，让这一个人去承担吧。有点类似 HRBP[①] 的设置，只是有些公司没必要设专职 HRBP，工作量不饱和，就让出纳、销售文员给兼了。一个月多给五百，对方应该挺高兴，又有钱又能长经验。

某次和朋友聚会中，有音乐老师，我很不好意思地说：我五音不全，有什么办法吗？音乐老师说：世界上，没有五音不全这回事，你唱走调，是因为你没听准调子和节奏，每一个音符，每一个节奏，听细了，听准了，会很自然地唱出来，一点都不走调。有的人很快能听准，有的人慢一点难一点，只

---

① HRBP, HR BUSINESS PARTNER, 又称为人力资源业务合作伙伴。

有这种区别。

我试了，老师没骗我。

当你想优化某事时，不妨听听音乐老师的话，以上这一切建议，基于你已经把该做的、能做的做到极致，把要优化的对象"听"准，说不定你能想到比我的提议好太多的方案来！

tips: 工作推进

不怕狼一样的对手，就怕猪一样的队友，但猪都是你养出来的，你希望自己团队是什么样，你自己先得做出改变。工作推进，我觉得是工作流的分析，先分析有哪些事，谁能胜任，才能做出有效授权，授权，是把你的部分职责授权下去，而不是派活下去。

派活，你把对方当苦力，授权，你把他当培养对象，同样是减少自己的负担，你选择哪一种？关于授权、工作推进，市面上有很多资料，我不赘述，搜搜更环保。我说点个人心得。

工作推进是一个难题，好的创意或方案，通常死在推进这一环，简称落不了地执行不到位。想要工作如期推进，得要有互相尊重的工作关系，当你觉得他是猪一样的队友，就办不成事。

在你与对方分析情况的时候，复杂的专业词汇、晦涩的术语只会让你成为猪一样的队友，工作中掉书袋、转专业词是非常不明智的举措，顺便提一提各种广受好评的公众号，说新名词或专业名字，只能暴露其浅薄，有本事你能用大众语言说清楚一件事啊。

而这样的文章广受好评暴露看者心中的几种微妙心理，一种是强烈的好奇心，期望看到世界上更多的可能，如果是这种心理，挺好的。一种是些许自卑——那些摸不着的，好像就是好的，就跟我们买衣服一样，那些贵得不知所云的，就是能代言高贵身份的。如果你也有这样的想法，请看到第一周内容。

试着调节队友情绪，试着了解他们做出决定的情景，这样能帮助他们找到更合理的解决办法。最后，帮队友分解目标，更容易推动工作。

通常，人资教科书会把工作分析放第一章，而我把招聘、薪酬、绩效放前面，这和我们日常工作有关，通常我们也真的先做了招聘、薪酬、绩效，之后，才会考虑到，哦，原来这些工作是离不开工作分析的。

而这一节，我把它起名为"工作推进"也是紧扣实际工作，我们工作的难点往往不是没有制度、方案，而是推进不下去或效果不佳，教材上不会教我们怎么落地，我也不可以说我的区区几个字，就能教会你落地。甚至整本书，提传统人资专业的篇幅只占一点点，为什么是这样？我苦口婆心说了很多次，第一周、第二周内容是基本功，基本功好了，内力深厚了，随便练个招数都很管用，基本功不好，花架子再多，也落不了地。你要是认为读到这一周内容才是干货，我只能用句时下最流行的话反驳你：底层逻辑决定你的顶层架构。

其实，我也不懂这句话的意思。

the eighteenth day
|第 18 天 |

公司生态

人类需要一个背景网，通过该网可以看清自己的宇宙，天地万物、生灵、人类都非永恒，为了川流不息的永恒奋争。

——《沙丘》弗兰克·赫伯特

生态，是个热词，我也蹭个热点。生态一词源于古希腊字，意思是指家或者我们的环境。简单地说，生态就是指一切生物的生存状态，以及它们之间、它与环境之间环环相扣的关系。

中医说人体内各器官之间是有各自不同的分工的，任何一部分出了问题，都会导致人出现不舒服的状况。西医也有类似说法，胃病通常是压力引发的，如果你看胃病，医生给你开精神抑郁的药，请不要奇怪。

对于公司来说，它的内部也有几个重要的系统。如信息系统、物流系统、资金系统和人力系统等。公司正常运转前提就是各个系统各司其职，否则必然出现局部影响整体的情况。

企业对人的管理，就是要营造一种环境，用热词，就是要有良好的公司生态，让身处其中的员工自愿为了企业目标而奋斗。

OK，看到这里还觉得对公司生态一词概念模糊，没关系，你某宝搜生态瓶，秒懂。

"在聘用员工时，作为雇主，经营者会开出条件，比如月薪是多少。应聘者如果接受，就会同意在这种条件下提供自己的劳动力。但是，这不过是由签订雇佣合同形成的一种买卖性的劳资关系。但是，经营者所需要的是能与自己同心同德、同甘共苦的'伙伴'——分担经营责任的'共同经营者'。要以这样的心态将员工迎入公司。特别是小企业，没有可以依靠的人，只能将仅有的员工当作伙伴，让他们与自己想法一致，努力工作，支撑事业的发展。"

稻盛和夫说的这段话，就是一种企业生态环境。当然，绝大多数企业不是这样的生态，所以他们也成不了京瓷吧。

以下案例，比较有代表性，能说明管理的是动态的，是和公司生态息息相关的。人力资源管理或者任何管理，都不应该抛开公司环境来谈，也不能脱离公司经营去谈，甚至和其他系统都息息相关。如何做到理论联系实际，如何做到战略高度，这一点是关键。

1.HRBP 养成三阶段

说理论不是我的风格，讲道理不是你想听的，咱们直接点，HRBP首先要贴近业务，如何贴？大白兔77的观点是，想紧贴业务，有4个小技巧：

一、学外语

这里的学外语，不是学英语，也不是学法语，是学业务的语言。比如建筑行业，业务人员总提到的四大员是什么呢？销售行业，他们在说的地推是啥？SKU 是啥？

如果你不懂别人在说什么，你和他的沟通就进行不下去，现在网络如此发达，知乎、百度、果壳，都是我去学业务语言的好去处。

另一个简便的方法，买一本行业相关的书，一周看完，专业词汇就能懂七八分了。

二、开会

虽然我一直不喜欢开会，但你接触一个行业的初期，一定要抓住各种开会的机会。经营周例会、月例会都是很好的学习业务的场合，遇到没听懂的，会后找相关的同事请教，你周围的人都是你信息的来源。虚心请教的人，别人一般都不会拒绝你，谁不想当老师呢？

三、懂业务流程

我的经验是，当遇到业务上的问题时，拿出纸和笔，用圆圈、方块、箭头画出业务流程，遇到我画不下去的，我就去咨询业务人员，等我的图清晰表达出来，往往问题的症结也就浮出水面。

四、了解业务目标

招聘工作为什么总是在救火，是因为我们自己站得不高，看得不远，对业务目标提不出建议。同样的，人力资源工作一定是和公司的战略目标息息相关的。

//·第二阶段·//

成为优秀的 HRBP 有哪些靠谱的方法？优秀的 HRBP 核心能力绝对是解决问题的能力，解决问题有哪些靠谱的方法呢？

一、用自己的专业性找到业务提出的诉求的关键点

HRBP不仅仅针对业务部门提出的诉求做出回应，还要更全面地、更准确地找到业务部门的痛点，而这个痛点，他们自己往往并没有意识到。我曾经讲过一个故事，某公司销售业绩很不好，于是人心涣散，有7、8个员工提出了离职。销售总监来找HRBP提出招人。

HR通过和业务沟通发现：业绩不好的根本原因是与员工的沟通不够，员工只觉得压力大，公司只会逼业绩，对员工的发展关注也不够，觉得在公司没有发展，另外对员工的激励不够，公司的提成不到其他公司的一半。

得出这些结论之后，HR提出了一套解决方案：第一加强与员工的沟通；第二主动去关注员工的职业发展，在部门内实行轮岗；第三，加强物质的和非物质的激励，激发团队活力，进行情景式的培训学习。

这个解决方案实施了2个月后，销售部员工的士气明显得到提升，离职率大大降低，业绩也逐步上升了。

上面的例子告诉你，解决方案是从现状描述到根源分析，再到解决方案设计与实施的过程，并不仅仅是写出几页纸的文件。

二、用数据和案例说话才有说服力

有了数据和案例，就有了话语权，就有了说服力，就有了竞争力，数据及数据背后的逻辑思维能够支持决策。

哪一些可以用数据解决呢？公司的薪酬水平与行业的对比，人员离职原因分布，人员结构分析，不同部门与层级的人员变动情况分析，员工薪酬增长趋势分析，不同层级的人员年度培训小时数，对比这些数据，你能看出问题所在，并找到解决方法，做出合理的人力资源管理决策。

三、极具实施性的解决方案设计

好的解决问题的方案包括：政策、流程、活动、实施、工具模板。任何方案都要考虑实际情况，没有最好的，只有最合适的。好方案一定是针对业务场景的具体设计。

如果你的方案里有实施，那就能打80分，如果你加上了实施中使用的工具，比如各种表格，那能打90分。现在回头看看，你从百度搜到的人力资源方案，大多这两项是缺失的，也才70分。你完全可以做出更厉害的方案。

最后记得对解决方案实施结果的评估，一件事做了，是要追述的，就跟放箭一样，你只管射出去，是不对的，你要看看中了几环，中几环是好的，中几环是不理想的，设计定量的评估标准。

以上说了这么多，最后想提醒同行，初级 HRBP 可能更多的还是做传统 HR 做的事：招聘、培训、员工关系。这个时候，不要觉得枯燥、乏味、没有挑战。给自己一点时间，去紧贴业务，你会发现乐趣无穷，祝成功！

// ·第三阶段· //

等更高阶，就能参与业务计划了，如何参与？

一、熟悉业务

看书，请教，看业务人员的朋友圈，他们喜欢的公众号，他们长泡的论坛……

二、参与制定业务计划并保障业务计划得以实施

1. 新项目要招多少人？岗位职责是什么？架构怎么设计？薪酬怎么拟定？

这些你可以参与，而当业务提出你要招多少人时，请告诉他，我不清楚项目情况，所以能不能给我详细说明，便于我有针对性地开展工作。

2. 你们公司业务计划还有哪些？找来文件，看看你在其中能帮上什么忙，如果没有，你甚至可以组织如何制定科学的工作计划的培训。

3. 其他可以提高业务计划实施效率的能力培养和培训。

4. 最重要的！考虑业务部门的现实需求。做出来的东西是能帮助业务部门实现目标的。

三、参与处理业务问题

1. 业务部门互相扯皮，你梳理清楚流程，是参与。

2. 业务部门抱怨审批繁琐，你提交合理的审批权限并获准，是参与。

3. 业务老大想启用或贬某人的时候，你提供了相应数据和你的评估，是参与。

4. 感知员工状态、动态，及时预防和解决一些问题的发生，是参与。

5. 调解企业内部各层面的劳资矛盾，是参与。

总结：逐步去做，慢慢获得信任和授权。

2. 新员工离职率很高，怎么办？

董小姐和我已经分别在不同公司了，她说：亲爱的77姐，我现在的公司，疯狂地招聘，一个月可能新进20、30个人，但也疯狂地离职，下个月呢，30个人可能60%都走了。首先我们公司待遇给的还是不错的，比同行业的都会高一些。其次呢，我知道这些人还是比较符合我们公司的要求。

她继续说：嗯，我做了这么多年的招聘工作，看人还是看得蛮准的哦。并不是说他们工作得不开心或者是说高就了还是低就了，引起的离职。部门的负责人那也都是很好沟通的，照理说也不会是因为和部门老大的冲突而离职。

我就不明白为什么可以这么大规模地走人呢？

从她的描述当中，我也觉得挺奇怪的，一定是有什么原因。但董小姐把我可能猜到的原因都给堵死了：

1. 不是招的人不合适，按照她的经验，和我对她的了解，这些人一定是蛮不错的，合适公司的。

2. 也不是因为钱。

3. 也不是因为和负责人相处不融洽。

到底是什么原因呢？因为我不在现场，我问了她4个问题：

1. 老员工稳定吗，为什么？

2. 有竞争对手集体挖人吗？有些公司基层员工培养工作做得蛮好，被誉为行业的黄埔军校，同行喜欢挖。

3. 员工走的时候都跟你抱怨什么呢？

4. 你发现公司有什么发展上的异常吗？

她给了我答案：首先老员工挺稳定，离职的都是新员工，排除有人去集体挖人，员工都是零零散散走的，而且据事后的跟踪，也并没有到了某一家公司，甚至有的人就裸辞，还没有找到工作，就跑了。那第三个问题呢？他说员工大多数抱怨的是公司变化太快了，自己有一点跟不上节奏。第四个问题，她发现确实这段时间公司的发展速度太快了，很多东西没有固化下来，所以在其中的人就感觉到这种汹涌澎湃的"音浪"，不晃，会震到地上！让人有一种不稳定的感觉，同时因为变化太大了，员工在做事上，也有一点无所适从。

我和董小姐一起推导，可能导致新员工大量离职的原因：新员工还没有熟悉岗位，就被委派了新的任务，还没有熟悉新任务，又被委派了第三个任务，在这种动荡当中，对人心理的冲击和压力是非常大的，于是选择放弃了高薪。

如果我们的公司也遇到这样的情况，那有什么样的对策呢？

首先，公司的这种高速发展，是我们没有办法去干预的。同时也是一个好的现象，为了应对这些变化，我们管理者要做的事情：

1. 加大沟通频率，及时了解员工想法；

2. 每次变化，有小贴士赠送，讲清楚发生了什么，员工要做什么，特别是部门老大们要学会这个方法，清晰地指派工作任务，并给予指导；

3. 部门老大都会抱怨说自己已经很忙，没空带新人，这是客观存在的情况，需要人资出面，协助完成带新人的工作，比如，部门出带新人的计划，他没空执行，你帮他执行，但计划一定是详细的，有具体内容的；

4. 部门老大抱怨开会太多，影响在部门内指导工作，那么能不能改变会议形式，只必要的人参加，其他有必要知道的，参考会议纪要，甚至会议纪要都可以录成语音，给没空的领导吃饭、睡觉、打豆豆的时候听，帮他们节约时间；

5. 帮部门分清重点，哪些变化是必需的，哪些可以缓一缓，有节奏地推进；

6. 改变新员工培训模式，每次培训短10分钟，频率更多，随时发现问题，能随时解决；

7. 如果条件允许，启动企业师兄师姐制，一个老人认领一个新人，就像大学新生入学一样，让师兄师姐帮他们快速适应，这样的小组，建议部门交叉，不要同一个部门，一方面没有利益冲突，另一方面也促进跨部门沟通交流。

董小姐决定首先改变新员工的培训模式，从她最能做的事开始做。把一个月集中一次培训改为一周一次，每次就10分钟。可能5分钟讲重要的制度，另外的5分钟，大家提出疑问，人力资源部进行政策性解答。

董小姐还决定，每一次当公司有了制度、政策、流程、工序的变化，及时发放小贴士。小贴士就用电子名片的形式推送给每一个需要了解变化的员工，让大家能够清晰地知道有了什么变化，需要做哪些事情，而且针对不同的岗位有不同的指导。

我赞同董小姐逐步推进的方式，7个点子，不一定要用全，也不一定就要一起用，多头任务有时候反而效果是不好的。类似于我们要学习很多的科目，每一个都蜻蜓点水，或者每一个都没有经过论证是不是对自己有用，就盲目去学了。可能很辛苦，一年以后也没有看到成效。试用某一两个方法，收到效果，我们就坚定地坚持下来，没有效果就非常果断地放弃，切换到另外一个跑道，我们的管理会更灵活，更高效。

tips: 力的作用是相互的

真实案例，AA公司，老板不需要制度，推崇奉献精神，年轻人不买账，中年人为了生存，勉强服从，HR想对上管理，改变老板。

BB公司，基层管理干部不把自己当干部，混同于一般群众，还说负面言辞。该公司HR想进行基层干部培训以改善现状。

CC公司HR想针对公司各职位做一套面试评价表和对应的面试题，通过员工访谈发现想法太天真了，公司状况很特殊，没有办法按职位分类。

还是AA公司HR提问，怎么才能提升自己的阅读吸收能力。

以上问题的根本问题其实是什么？无非三点。

1.适应环境——CC公司的HR解决该问题，去做适应他们公司的招聘手册就好，不一定就要按职位分类，按工种分行不行？按通用、管理和技术分行不行？

2.利用环境——AA 公司 HR 提出的阅读吸收转化，可以渐进式，跟企业管理改善一个样，能转化多少是多少，比不转化强。

3.营造环境——AA 公司、BB 公司解决他们的问题，得用这条。前面说了，公司对人的管理要营造一种环境，让身处其中的员工自觉自愿地为公司目标而奋斗，但记得，上梁不正下梁歪，老板对员工有没有奉献精神？这道理他愿意听，愿意践行，公司就还有希望。不愿意，你对上管理不了他。"力的作用是相互的"只要一个物体对另一个物体施加了力，受力物体反过来也肯定会给施力物体增加一个力，你想对上管理？就要准备接受反作用力。同理，改善基层管理干部的行为，也得先改变他们的思想意识，并教会他们管理技巧，这些可以在有形的培训中达成，也可以在无形的潜移默化中达成，复杂点说，要衡量你们公司的人才培养模式。

the nineteenth day

| 第 19 天 |

战略型管理

　　很久以前，人们想要获得自由，便将思考的事交给机器去干，然而这只会导致其他人凭借机器奴役他们。

　　——《沙丘》弗兰克·赫伯特

我的儿子，极像我，极懒。每每被逼扫地，都会嘟嘟囔囔安慰自己：一屋不扫，何以扫天下。合着他扫地是为了今后扫天下不得已而为之。

本人年轻的时候，也经常从书籍上看到战略一词，百思不得其解：现在又不打仗，搞管理就搞管理，要懂战略做甚？战略又是个啥？

多年后，仍然不懂，见着招聘介绍写着深具战略思维，这样的企业，俺不搭理。一件东西，只有你没有才会渴求，一家没有管理战略、目标、方针、政策的企业，他需要一个精通人力资源战略的 HR？有点矛盾。

某人提问：老板没文化，老板爱文化人，老板要他懂战略。我们大胆猜测下会有几种场景：

1. 一群人开会了，赵吹吹、钱吹吹、孙吹吹均大谈半年夺下华东市场，1年成为行业龙头，公司建立7S管理……唯有题主李踏实说：老板，我们现在才60人，一年翻两番是合理的扩张速度，那就是240人，240人的企业，成不了我们行业龙头。老板骂：小李，你就不能有点战略思维？

这样的场景，不用我多说，大家看出来了吧，不是小李没"战略"，是小李够踏实，吹不来。如果老板要的是这样的战略思维，你自己看着办，要不要学。

2.一群人开会了，谈到员工公积金办不办，赵总说，那要花多少钱啊，这钱省了能多开出两个工人的工钱，多两个人能生产多少产品，又带来多少利润啊。这时题主小李说：老板，公积金钱真不多，不就两个工人工资吗？因为没有公积金离职的，一个月都有两个呢，离职带来的人员交接、培训、招聘成本也不少，更何况，小钱能树立我们在行业的口碑，我们是唯一一个印花厂（如果题主不是把印刷厂写错的话）能有公积金的。老板大骂：小李，你就不能有点战略思维？现在又不查这个，你办个啥。

如果老板要的是这样的战略思维，您也看着办，我没招。

3.一群人开会了，谈到员工培训，钱总说：我说呢，你看某为，你看某讯，那员工培训做得啊，成套成套的，咱们也应该做些领导力提升的培训。轮到小李发言：我呢，也只在小公司呆过，没接受过系统培训，我也不知道系统培训要怎么做，现在不是有新员工入职培训、老员工在岗培训、干部晋升素质类培训吗，领导力？我不会，外面找老师要钱的吧。老板大骂：小李，你就不能有点战略思维？就不能找到不要钱的老师？

如果老板要的是这样的战略思维，我只能点、点、点。

还有很多场景可以假设，实在猜不出题主是何种场景下的战略思维缺乏，我们给个通用答案吧。根据本人并不高大上的总结，战略思维，可以用两个常用词代替：大局观 or 全局观＋谋划。

谋划，也就是找找朋友，想想办法，解决问题。你能解决问题不？你解决问题除了能平息当时冲突，还能不引发后浪来不？你解决当下的问题，顺便还堵了未来的漏洞了吗？你明明是解决胃痛的问题，肝胆调解得好，顺便把黑眼圈给治了？你能这样解决问题了，你就具备了一多半战略思维了。解决问题的能力怎么培养？多练练，多想想，无他，看书真看不来。

以下，咱们说说大局观是个啥。大局观是你家住得胜桥街，你给人描述的时候：你住中国湖北省武汉市武昌区得胜桥，你得跳出一条街，指向全中国。如果你要预测这条街的发展，你要考虑到时代、国家、省、市、区的发展和政策。

大局观怎么培养？玩下魔兽世界，能体会出法师、战士、牧师如何配合，玩下五子棋，体会下一步棋看三步，做一餐饭，体会你要做出油焖大虾（或任何菜肴），从挑食材、处理食材、配料到烹饪、火候、时长如何步步为营，把你生活中的体验带到工作中，想一个事，不要只想一个事，横着、竖着、斜着，各个角度都想想，客观的、感性的、创新的各种维度都思考一下。除此之外，永远比现在的职位高上一两级，假装自己是领导怎么看，差不多也就慢慢有了大局观。

总结：所谓战略思维，不要觉得怕！怕！怕！也就大局观＋解决问题，怀揣扫天下的心，从扫一屋开始。

1. 人才盘点在中小型企业要怎么做

我们总听到人才盘点这个词或者说人才盘点体系搭建这样的说法，人才盘点到底是什么意思？

角度不同，对人才盘点的理解也一定是不一样的。比如说市面上的课或书，大多数咨询顾问讲的、写的，偏理论，即使有实践的案例，大多是大型企业。如果我们在一个中小型企业工作，我们看到这样的案例会觉得和实际操作的人才盘点工作完全不相关。而如果从老板的角度，他理解的人才盘点是当他需要打仗的时候，有将领、有士兵可用，这就是老板要的人才盘点。

两者之间的 HR 就尴尬了，一方面他接受了很多新鲜的理论、科学的模型，他会觉得人才盘点一定是个高大上的工作，做起来要煞费功夫。另外一方面呢，模型使用后的最终的结果，选拔出的人才，往往又不是老板心目当中的人才。所以，人才盘点在中小型企业要怎么做呢？

一、为什么要做人才盘点，它是什么

其实人才盘点就跟我们去盘点库存一样，我们要知道我们手上有哪些人，缺什么人，现有的人才都有什么能力，现在做什么，将来能做什么，这些人需要什么样的培养，我们能给予什么样的培养。换一句话说，人才盘点其实是人才梯队建设，再换一句更通俗的，人才盘点是公司的人才选拔、培养工作。

二、人才盘点的4个步骤

1. 界定人才的标准。什么样的人才是企业需要的人才？在企业里面做到怎样的员工才可以叫做人才？

2. 从何种角度盘点。不仅仅是对人才进行盘点，也要从公司业务发展的角度来思考：这些人怎么为我所用？要如何在公司建立人才梯队？组织结构怎样才能够满足业务的发展等等。

3. 形成公司内部的人才库。我们在做人才选拔的时候，就能够快速地从人才库当中找到我们需要的人才。

4. 对人才库进行升级。数量的升级、质量的升级，这也是我们在盘点当中要做的事情。

看到这里大家不难发现，人才盘点，不仅仅就是一个动作、一次活动，它是一个持续动作、周期性活动，是需要我们不断去做的事情。

三、具体怎么做人才盘点

人才盘点，具体要怎么做？我们来回忆一下联想的一句口号：建班子、定战略、带队伍。其实这9个字就是人才盘点的模式。怎么去搭建班子？怎么去订战略？怎么去带队伍？就已经包含了选拔人才的标准是什么、对人才的培养方向、建立公司人才库、升级人才库这几个步骤了。不得不说，还是企业家厉害，用极简语言，讲了一本书的内容。

这么一想，我们就发现，别人家的人才盘点其实没有那么复杂，包括联想这样的航母级公司，他用到的模型就是一个九宫格。当管理岗位出现空缺时，能迅速从公司人才库中找到合适的人，完成岗位的替补工作。

想到这里，我们再来回忆一下老板理解的人才盘点对不对呢？不就是联想的模式：要用人时，有可用之人。

你能帮企业判断，谁是公司里的人才，并能帮企业培养人才，这就是我们要做的人才盘点。

2. 看港剧学人才培养

———————————————

接上回，在通常所用的人才盘点方法当中，有两种模式：一种，人力资源部作为主导人，各个部门只是作为盘点的对象。但我是觉得这种方法不好用，这样的盘点大多数会依靠外部的咨询机构来做，对企业的实际了解寥寥，部门负责人也不参与对下属的盘点。不参与，故不投入，不投入，即对付任务，得到的结果通常形式化。

另外一种方法，是业务部门的负责人作为主导人，人力资源部只是作为方法工具提供方、项目组织方。我个人是更倾向于用这样的方法。这样的方法是对全员的盘点，不仅仅是对关键岗位，也会在一定范围内会公开讨论对某人的评价，他是不是继续任用或者是晋升等等。

优点：

1.通过人才盘点提高每个人对自己能力的认知，纠正认知偏差，确定培养方向；

2.同时，让每个人都参与到人才盘点工作当中，让他们更深刻地体会，人才对公司的发展是多么的重要，而自己作为公司的一员身在其中，又肩负着非常重要的责任。

用第二种方法，其中一个环节是部门领导，或者员工的直接上级需要客观评价一个人。难点往往在这里，想做到客观何其难！并不是领导有偏见，而是作为感情动物，做到客观描述非常困难。

比如，A判断B不善于沟通，这就是一个主观的判断，而A要做的是进行一个描述。

推荐看港剧《铁马战神》，如何描述一次交通事故而保持中立不带个人感情色彩，有非常生动的案例。

面试中我们常用的星星原则——STAR原则，正是这部港剧中多次用到的方法。而此刻，也是人才培养的好工具。我们总觉得自己会的不多，但招聘做得好的人，一定是对STAR原则运用得棒的人，作为用得最棒的人，你去教会公司其他同事使用STAR原则，就能做到客观描述公司大小事、客观描述员工的业绩、能力、潜力。

STAR原则，是Situation（情景）、Task（任务）、Action（行动）和Result（结果）

四个英文单词的首字母组合，举例：他当时在什么情况下，做了什么事，采取了什么行动，取得了什么结果。我们再看上文沟通不善的例子，正确的描述是：B在和财务讨论报销的时候，他不就事论事，而是人身攻击，结果事情没解决，还把财务气哭了。

保持客观描述，还推荐一个方法：推荐公司同事阅读大白兔77的文章，都是不乏趣味的客观描述性说明文！

除了以上的指导，人力资源部对部门的人才培养工作还能给予什么帮助？你可以给直接领导两份说明文类型的提纲，一份告诉他包括但不限于以下问题进行员工面谈。另外一份需要这位直接上级在面谈之后，根据事实得出结论。

A 提纲

1. 现在做的工作，你最喜欢哪个部分，你最不喜欢哪个部分？

2. 你觉得你贡献最大的是什么？

3. 你全部的工作内容中，做得最好的是什么？

4. 在本部门或者其他部门的岗位当中你最感兴趣的职业发展机会是什么呢？

5. 你认为自己要有什么样的工作经历或是特质才能胜任你喜欢的岗位呢？

6. 你对什么样的发展或者培训觉得特别有兴趣呢？

B 提纲

1. 他是不是有成就动机，举例。

2. 他是不是愿意寻找挑战性的工作，举例。

3. 他是不是有学习能力，举例。

4. 他能不能快速适应新岗位，举例。

5. 他有没有跨界的思维，能不能够综合看待问题？举例。

6. 对于他的发展，他自己最担心的问题是什么？

7. 这个人离职的风险到底有多大？如何得到这个结论。

8. 他对部门的重要程度到底有多大？为什么？

9. 他在公司内部调动有没有可行性呢，自己有没有意愿呢？

以上提纲同样适用于自我评定，在你晋升之前，不妨按 B 提纲问问自己，这份回答，也是你交予上级最安心的问卷。

暂时没有晋升机会？也不妨自我评定，用实际工作完善答案，你也会成为潜力股，跃入公司人才库。

tips: 老板要什么，取决公司在何种阶段

人力资源战略，一定是为企业战略服务的，要想有人力资源的战略眼光，先要摸清楚公司战略。这一点毋庸置疑，就好像家庭战略目标是年存钱1万同时不降低生活品质，通过开源和节流两种手段完成，你如果要通过每天吃馒头达成目标，就降低了品质，不符合家庭战略目标。

现实中的难度在于，企业战略目标不一定清晰，这个时候，我们需要了解老板到底要什么，用此替代企业战略目标。

这是从大了说，从小了说，老板花钱请你来是为他解决问题的，不是为他制造问题的，涨工资，提拔，这些也都靠老板，老板合理、合法的战略就是你的战略，这么说绝对不是马屁精，可以说是职业道德。但是，我还是要打个补丁，怕大家听了上面一段，上了贼船，反而坚持不下船，要帮贼老大实现战略。不合法的一定不要沾边，不合理的可以温和改良。

而老板要什么，又取决于公司处于何种发展阶段。

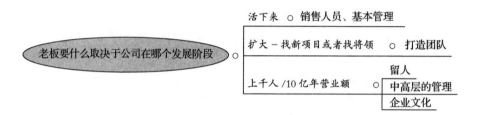

不同阶段有不同重点，想清楚这一点，能减少我们很多焦虑，或者减少不明不白的"牺牲"。有些领导，到外面听了一节课，热血沸腾，回来就要求这改革那改革，上高端大气上档次的管理手段，这个时候，你要冷静地帮他分析公司啥底子，就好像阿玛尼是好看，也穿得起，但穿着阿玛尼去健身就不合适，你要帮公司挑更适合本阶段的管理手段。

也有些同行，中外名著通读后，热血沸腾，进到新企业就想烧火。就好像有的锅，比如麦饭石锅，是好锅，不黏省油少烟，但它是不适合大火的，你要烧火可以，也同样请先分析清楚公司现阶段是啥锅。

战略到底是什么？还是那句话，名词解释就手动搜一下。我对它的理解是站高一点，看远一点，想深一点。想必你们最关心的是如何训练战略思维？我的方法：训练专业力、思考力、创造力、关系力，这些，本书都谈过，所以也不再多说。

最重要的，你对它的理解又是什么？你准备怎么用上它？

the twentieth day

|第20天|

企业文化

身为一条咸鱼，你要知道，"我差不多是一条咸鱼了"的潜台词是：不，我还可以拯救一下！"我怀疑你根本不是咸鱼"意思是：觉悟吧，其实你是一条鲨鱼。

——钟儒林

读书的时候，智商情商双低的我，一直就没弄明白企业文化是什么。后来，我明白了，我连文化是什么都不懂，怎么能懂企业文化？在我们的读书生涯中，我们上语文课，我们上数学课，但好像都不算学文化，只是学知识。读政治的时候，就更糊涂了：文化是人类发展过程中创造的物质财富和精神财富总和。双低的我继续理解：蒸汽机是文化、自行车是文化、清明节祭祖是文化、过年是文化，什么都是文化，处处都是文化……

当一个问题上升到哲学层次，有点要思考疯掉了……在我要把自己思考疯掉之前，终于找到一个不把自己逼疯的、对文化的解释，把人类替换成"我"就好理解了：我，在成长过程中，创造出来的，比如学到的知识、写的日记、形成的思想、养成的性格，对事情的感悟、做事的习惯、自己的小规矩，这就是我的文化，而个人的文化是人类文化的组成部分。

通过数学中带入数值的方式换算，企业文化，我也可以理解了：企业文化也是人类文化的分支，把文化这个词用到企业，就是企业在发展过程中，和人一样，会经历成功，也会经历挫折，也会和不同的企业打交道，这些经验形成了成文的、不成文的规矩、个性、管理方式，这就是企业文化。

而企业的个性，我们可以带入数值：价值观，经营方针，企业精神。OK，现在我可以按自己的解释定义企业文化啦：

企业文化 = 制度（成文的）、潜规则（不成文的）、价值观、经营方针、企业精神、管理方式，当然，这是我的解释。

1. 如何搭建分公司的企业文化？

一、提升分公司企业文化实操

1.把总部的企业文化相关文件找来。

举例：制度（成文的）、潜规则（不成文的）、价值观、经营方针、企业精神、管理方式。

2.先自行理解透彻，理解透彻的意思是，为什么这么定，背后的故事是什么。

举例：总部的企业文化有一条，诚实，为什么当时会定出这么一条呢？跟员工解释诚实要怎么解释呢？可不可以说：这件事，你能对上司说（不一定真的说），能对家人说（也不一定真的说），做了以后不后悔，三个条件满足，就是诚实？

举例：总部的管理方式中有一个是每天早上干部必须碰头，难道只是一种形式吗？为什么会出现这种方式呢？是为了解决什么问题而出现的呢？

举例：你和总部的往来邮件，三个人收到都是秒回，为什么他们的作风是这样的呢？是不是其他人也这样呢？公司的行为模式就是如此？那是不是文化呢？要怎么在分公司推广呢？

3. 和分公司当地文化有无可调和或不可调和的冲突。

举例：企业价值观有一条——坦诚，通过你和总部的接触，你发现，总部理解的坦诚是当面实话实说，有什么都摆到桌面说。而你们当地理解的坦诚是不要当面说，可要私下再讨论，当面说是驳对方面子。让分公司的人迅速适应总部这种文化可能不现实，一方面你需要把私下讨论的结案呈报，显示出你们也是坦诚的，另一方面，通过讲故事也好，什么形式也好，让分公司的人逐步习惯当面说。仅仅是举例，勿照搬。

总结：企业文化，可以把企业当人看，你和这个人的相处中，了解到的他的习惯，他的行为模式，他的精神追求，你被他感染，并和他步调一致。而在分公司，你要把你了解到的，通过你的身体力行的复制，让大家再通过模仿你，在分公司形成总部的企业文化。

看到此，你忍不住"哇，这个姐姐看起来好厉害，我懂了。"别急着说懂，困难的在后面：

1. 也许，总部没有任何和企业文化相关的成文，就需要你从相处中总结；

2. 你仅仅身体力行，让大家模仿你，文化传播速度太慢，需要策略。

二、提升分公司企业文化策略

1. 找到管理制度的指导思想是什么，这通常就是企业的核心文化。

2. 在招聘、选人上，考察三观是否与公司一致。

3. 在环境上改造成符合文化背景的，不是指文化墙，比如公司倡导开放，结果办公区是封闭的……

4. 通过培训关键员工，把企业文化复制到他们身上，再通过他们二次复制，你要理解为传销，也是可以的。此处培训不是上课，是各种形式……

5. 在薪酬绩效上，能把文化因素考虑进去，就更好了。总有人问我年度评优选按什么标准？企业倡导什么，就按什么标准。企业倡导效率，就选效率之星，企业倡导业绩，就选业绩之星。企业严肃考勤，就在薪酬里划分出一块全勤奖，企业倡导年功，也可以在薪酬里划出一块工龄工资。

6. 制度、规范管不到的地方，文化来补。事无巨细制定规范，是个人都要烦死，而如果有了共同的价值观，是可以通过柔来弥补硬性约束的不足的。比如我的微信群公告是：没有规矩，但其实群里秩序井然。

然而，罗马不是一天建成的。

2. 小企业的企业文化怎么做

背景：30多人的小公司，目前公司业务是老板接的固定业务，没有业务员，所以公司除了职能人员就是生产车间的人员。生产线上的操作员主要是年轻人，懂技术；而包装工都是三四十岁左右的已婚大姐姐，还有一些仓储岗位是体力活，招的是一些文化程度较低的40多岁人员。整个团队学历和年龄层跨度都挺大。目前除了上班没有其他活动，感觉公司少点氛围。想把企业文化搞起来，不知道如何开始。

30多人的小公司怎么做好企业文化？其实我猜测题主想问的是怎么做好团建活动，但我还是愿意从企业文化说起，想直接看团建活动的，下拉到第二条。

首先，你要找到你们公司的文化。小公司通常是老板文化，这不是坏事，谁说老板文化就不好？老板娘文化才不好！

一、怎么找到公司的企业文化

企业文化不是创造出来的，一定是就存在在那里，需要你去提炼出来、去完善。炼金师，手上有的绝对不是金子，而是点石成金的手指。想要成为金手指，请参考以下套路。

1. 采访老板。

采访提纲：您为什么要成立这家公司？其中遇到什么困难是您记忆最深的？又是怎么克服的？公司经营过程中对您帮助最大的人和事是什么？您想让这家公司成为一家什么样的公司？您想创造出来什么样的产品？这个产品能为社会带来什么？能帮到普罗大众什么？

在采访之前，你要熟悉访问对象的大体经历和主要成就，在交谈的时候也就有了话题；要去发掘专访对象生活中有趣的故事或兴趣爱好，挖掘他的精神面貌和内心世界；模仿《面对面》这类访谈节目主持人的访问技巧。

为什么采访老板？他是企业的创立者，他最清楚公司为什么成立，发展方向，而他的工作作风、兴趣爱好也会深刻地影响到公司的文化。

2. 采访群众。

采访提纲：你是怎么到这家公司的？过年回到老家，如果和亲戚介绍我们公司做什么，我做什么，你会怎么介绍呢？在公司这段时间，最好玩的事是什么？最生气的事是什么？你希望你的孩子将来在什么样的公司工作呢？

中国人比较含蓄，你直接问他喜欢什么样的公司，他不愿意回答，你问到他孩子的理想公司，通常就是他自己的理想，而他跟亲朋好友介绍时的话语，是他最真实的对现在公司的描述。

企业中的人，形成企业文化，我们的员工会讲述自己的故事，这些故事，就是企业文化提炼的素材。

3. 提炼收集到的素材。

小公司你从使命、愿景、核心价值观来提炼企业文化，会要了你的命，这些词啥意思，员工不够明白，可以变通为：我们企业要做什么，要做成什么，怎么做去实现。

最近，我终于请家政大姐了，之前一直不愿意聘请别人帮自己做劳动，觉得挺羞愧的，跟大爷似的，一个90后教育我：这是把不擅长的事授权给擅长的人做。家政大姐跟我介绍：我们公司啊，是武汉最好的家政公司，你看，我的工作服，全棉的，闷热天气穿，也很舒服，免费发，公司统一清洗，很高级的机器洗呢。什么什么楼盘，也是我们公司在做保洁呢。大姐边说边愉快地干活，一点都没有传说中的磨洋工。这样的企业宣传员，在行动中践行企业的使命、愿景、核心价值观。

我特意搜了一下这家保洁公司，使命：让我们的家更干净；愿景：成为本土知名品牌，进入行业前三；核心价值观：好又快。这样简单的词汇，大姐也能懂，也以此自豪，并自发宣传。

题主的公司以体力工作者为主，提炼企业文化就可以参考上面的例子，从简单的出发，而这些词的来源，就是1、2搜集到的故事。故事中最高频出现的词，极有可能就是企业的文化核心词。

4. 有了一稿，心中有数，再组织定稿活动。

此处和通常做企业文化的套路不一样，通常的套路是员工座谈、访谈，大家头脑风暴提炼。而我觉得，先有一个底稿更容易控场，甚至定稿会在小公司、员工文化程度不高的公司可以省略，请老板过目，大致无问题，再在实践中去确定。并不是歧视小公司、文化程度不高的员工，而是在工作中、实际案例中提炼比开会更适合这类公司。

二、大幕拉开，企业文化大戏开演

假设题主提炼出来的核心价值观是团结、奋斗，和团结、奋斗有关的活动可以设计一整套，如图：

时间／活动	月份	1月	2月	3月	4月	5月	6月	7月	8月	9月	10月	11月	12月
团建活动	节日	元旦	春节	妇女节		五一劳动	儿童节				国庆节		圣诞节
	社会公益活动	健康跑		植树活动									
	员工生日会		生日会		生日会		生日会		生日会		生日会		与年会合并
	公司每年定期参加的会议			季度会			季度会			季度会			年会
	娱乐活动		公司春晚	室内棋类	春游	技能比武	户外拓展	趣味运动会	户外拓展		朗诵活动	唱歌活动	跳舞活动
	活动主题	树立正面形象，支持公益活动	团结、表彰	增加感情	亲子	奋斗	团结、奋斗	团结、奋斗	团结、奋斗		团结、奋斗	团结、奋斗	团结、奋斗

大多数活动费用很低，占用时间很少，工余30分钟，就能开展。举例：员工少，不一定月月开生日会，两个月、一个季度都可以，生日会也不一定就是吃蛋糕。经常看综艺节目的你们，比我更会设计，直接借用某个节目，在公司复制，也是不错的活动设计方法。而开会这样的活动也不要只开会，把会议变成文化的传递，利用一切可利用的时机。

三、除了文化活动，尚有广告空间

回到上文的公式，企业文化＝制度（成文的）、潜规则（不成文的）、价值观、经营方针、企业精神、管理方式等。这些内容都是传递、实现企业文化的渠道，请不要放过这些渠道的广告植入。

我们做企业文化活动，一定不是为了活动而活动，要记得植入企业文化在其中，推动企业文化，除了要有金手指，还要有娱乐精神、广告天分，我们一起加油！

tips: 家族企业管人的实践

背景：家族企业，公司很多元老都是老板的亲朋好友，能力不敢保证，但忠诚度还是很强的。为了平衡各方面关系，给企业带来一些活力，老板聘请了一些职业经理人。但老板对我们也不是非常信任，有的时候也会收集一些小道消息或"情报"来掌握公司的动态。

我是3个月前加入公司的，这里所有的人对人力资源都没有概念，老板寄希望我能帮他梳理人力资源的各项工作，但遇到一些问题又小心翼翼，尤其是涉及元老们利益的一些问题，就怕得罪人。现在给我的赶脚就是空怀满腔抱负，却无处施展。

请教大家，家族企业，人力资源管理困难重重，如何突破？

回复：

家族企业的人力资源管理极具魅力，就如题主所述：困难重重。用游戏比喻，那就是二代魂斗罗啊，关卡连连，迷雾浓浓，领导无穷尽，人资堪有限。

但，"有限"的管理仍然可以突破。家族企业如果聘请职业经理人，有两种用人模式。一种激进派，如题主这般，希望三个月内改朝换代。如果这样，你要小心，老板在利用你，你就是他手上的一把刀。一种如题主老板这样，小心谨慎，希望渐进。恭喜你，他是真的想你帮到他，这是一个好的开端。

在社会生态中，我们个人的生存各有其道。参考某网站年度牛人评选，有靠幽默扬名立万的，有靠专业著书立说的。而商业生态中，同样如此。有的企业靠研发，有的靠特别的产品，有的靠关系，这就是企业的竞争模式、存活之道。

跟培养人一样，我们要尊重企业的独特性，去增强他的优势，发挥所长，而不是生搬硬套，硬要把短的变长，那样好累，也难有效果。

家族企业的人资管理，切入点非常难，我深有体会，从外企出来的第一份工作就是家族企业，朋友介绍的。待了几天落荒而逃，坚持下来的朋友，现在是该集团公司副总、合伙人、人大代表、政协委员。

这也是我的"黑历史"，从此后死磕家族企业管理之道，也算小有成就，以下为个人经验。

一、帮助他之前，先尊重他、接受他、熟悉他

此处用了"他"，其实我想说，与改变男朋友或老公同理。你完全可以把我以下全部文字中的"他"想象成你的伴侣。

此处，没有用"改变他"，因为男人是不可能改变的，企业也一样。妄想改变一个人或改变一个企业，都是白日梦。

如何去熟悉，我就不举例了，大家自行揣摩，简单地说：通过熟悉他，知道自己不能决定什么，再去决定要做什么。结合企业实际和个人能力确定之后的行动计划。

二、适当标准化，更多定制化

刚好收到一个小伙伴的邮件，他提到：

1.公司没有明确的岗位职责——导致不知道考核什么内容是关键指标——导致不知道培训什么东西能提高员工能力。

2.公司目前相关规则不合理、不合适，但是又无法做出大范围修改。

这两个问题恐怕在民营企业是通病，做人力资源的都知道，梳理岗位职责是最基础、最重要的工作。如我在《一个 HRD 的真实一年》中所述：很多中小企业，不是没有岗位职责，而是有岗位职责的潜规则。比如人力岗：招聘、做工资、员工关系处理，这是每家企业都有的标配，但又会有定制化，比如有的人力要做运营的工作或者行政的工作，甚至策划、信息管理等等。

如果每个人清晰地知道自己要做什么，那么，岗位职责就是清晰的。即使三天一变，只要员工知道变在哪里，也是清晰的。所以，变化的岗位职责，变化的考核指标，变化的培训就是这家公司的特色，尤其是新兴行业、企业，他不变才不对。

我们要做的，倒推出来：能标准化的标准化，不能标准化的不要固化，而是在变化中做出适用的考核方法、培训方案和管理规则。建议小而美，便于应对变化，俗话说船小好调头。

类似电脑各种升级包、补丁包，费尽力气做出新软件，还没用上已过时，不如更新。

另外，如果都标准化了，还有什么创新呢？人力管理的模式也应该抛开过时的教科书，在实践中发展。

三、首抓家族企业通用的重点工作

刚好又有小伙伴发邮件：喜获集团人力负责人一职，不知道现阶段重点工作是什么。我的回复：老板迫切想解决的是重点，企业人力管控上风险最大的是重点，堵重大漏洞是重点。

在不知道从什么工作入手的时候，老板也不清晰他自己的要求的时候，你先帮他把重大漏洞都堵了，绝对是一大成就。即使这个成就短期内、甚至在你任期内，都看不到业绩，但你对得起自己的专业度和职业道德。

想做的和要做的是两回事，如同想买的衣服，穿在身上不一定好看，但是你偏要买，老板也愿意买单，那好吧，如同你有你的坚持，我也有我的，如何搭配更好看的建议恕我难回答。但，我会为你的坚持点赞！人，一定是在买错很多衣服后，才找到自己的穿衣风格的，企业管理也如此。

四、家族人资管理的终极目标是人的能力的管理

这项工作任重道远，涉及人，都不是简单的任务，特别是在人际关系复杂的家族企业。

员工脑子里的知识如何留下来，变成公司的；员工的能力如何引进、培育、流动、变现、发展？

当你越来越熟悉公司各项工作流，当你被大多数元老接纳，当你得到老板信任，这个时候就要考虑终极目标了。

企业在发展期，有非常多的临时的、突发的工作，这个时候，交给某个岗位，不如交给最擅长这个工作的人，严格按照岗位管理反而会阻碍工作。如果，当你指派这些任务的时候游刃有余、而接受任务的人欣然接受，即表示：你开始走上人力资源管理之路了，你开始懂得发挥每个人的创造性，让他们的能力在公司流动。

越是要发挥人的创造性的工作，结果越不可测，相关制度越不能细化。这是不是和我们熟读的管理理念相悖？所以，在管理实践中，管理是科学，也是艺术，这句话，并不是瞎说。

the twenty-first day

|第 21 天 |

从普通人到管理者

智足以拒谏，言足以饰非……

以为皆出己之下。

——《史记》

前段时间，跟一个候选人聊天的时候，妹子人资本科、有两年工作经验，应聘人资主管，她说：最近正在学习人力资源管理师一级相关的知识。她觉得，对于科班出身的 HR 来说，知识的更新超过她的想象，如果不跟随时代进步，就会落后于时代。我其实已经听过很多人跟我说过类似的话，我要学习薪酬、绩效、高端人才招募……总之都是苦练专业功夫。

然而，专业知识的储备就能让你走上人资管理之路吗？ HR 小白，晋升转岗机会在哪里？

没有一个老板或 HR 总监，不希望自己手下是一班精兵强将，他们期盼团队中每个主管、经理都是能独当一面的全才。

他们希望：候选人基础的工作流程、良好的沟通等能力是必需的；学习能力强、反应快速是未来成长空间的保障；办公软件、常规工作需要基本功扎实；最好做过大型项目，比如绩效推行、领导力系统培训等；会数据处理，还熟悉招聘渠道、薪酬规划、个税避税、会打仲裁、会写答辩书、会做岗位胜任模型、会使用各种测评工具；如果还能直接带来同行人才库，那就更好了……

嗯，以上就是 HR 总监心中完美的主管／经理形象。

但是，如果都以这样的标准进行招聘的话，一定招不到人，变通的做法是：

一、大公司不求全才，但要求团队成员各有所长，打配合战

简单地说，让做过猎头顾问的去做招聘专员／主管，让做过薪酬专员的去做专员／主管，让培训经验丰富的做专员／主管，让懂点行业知识沟通能力强的做所谓的 BP。

1. 你需要准备：如果你有强悍的学习能力，即使没有深入研究或经历过某个单模块，也可以很快接手对应的工作。一旦通过自身擅长的技能切入新团队之后，就有了更多横向发展的机会。

举例：某前台兼一点人资打杂，她工作主动性非常强，只需给到工作方向，就会驱动自己学习相关知识，快速达成目标。半年以后，基础人资能力已经锻炼出来了，效率和悟性可以以一当三用；而她对招聘、培训都有浓厚的兴趣，基础夯实之后，转岗到了人资部，从基础工作做到培训主管。

2. 企业更看重：相比于技能水平，更看重扎实的基础和成长空间。

3. 晋升转型建议：如果你现在已经在大型公司，相比于跳槽转岗，内部转岗会更容易一些。因为在公司内部，有充分的时间考察你的能力、潜力。公司对你的认可度提升之后，才会更加放心启用你做管理者。

公司更希望你具备综合素质，而不会苛求当前的技能水平。如果你具备不错的基础素养，并拥有巨大潜力，也很受公司青睐。公司或你的领导期待这样的人利用已有的能力完成一部分基础工作，并经过一段时间的锻炼之后，接手更复杂的工作。

二、小公司求全才，但不要求非常精通

另外一部分的公司，则希望主管或经理能够独当一面，对业务敏感，最好有行业背景；具备分析能力，能够从复杂的工作问题中理出头绪，并利用经验 + 技巧去解决。

1. 你需要准备：如果你拥有很深的行业背景，即使所在公司不大，但完全了解行业规律、人才流动和管理规律，可能很快上手新公司。

举例：招聘经理在工作中非常依赖测评技能，但是了解测评技能本身并没有那么难，因而候选人的技能对我而言并不是最强吸引点。相比于对测评了解更多的人，我更愿意招有销售经验或行业经验的人。因为招聘技术学习起来非常容易，但是想精通寻访和说服技巧是一件很难的事情。

2. 企业更看重：一方面看重行业经验，另一方面，当公司发展壮大，需要HR 承担海量工作的时候，这时需要主管或经理能建立自己的团队并带队伍。

举例：我曾经招过一位小公司的人资经理做集团人资经理，这位候选人当时的各种人资技能都不能达到我们的招聘标准，专业上高精尖的词都不会说，更不谈会做了。但他思维清晰，看待问题有自己独特的想法，沟通能力不错，在上一家公司做事情也特别扎实。事实也证明，之后他在管理部门工作和协调跨部门工作上，有自己的一套。

3. 晋升转型建议：如果你现在在小公司，跳到同规格的公司做主管或经理是有可能的，显示出你强过其他候选人的行业经验即可，而跳到规格上一个档次的公司，则只能平级跳，重走前面"一"指的路。

三、大白兔77的个人建议

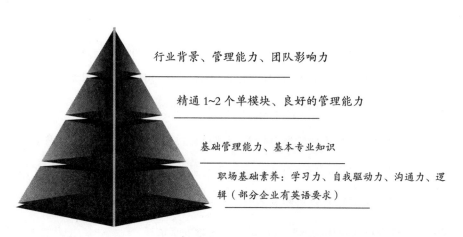

行业背景、管理能力、团队影响力

精通 1~2 个单模块、良好的管理能力

基础管理能力、基本专业知识

职场基础素养：学习力、自我驱动力、沟通力、逻辑（部分企业有英语要求）

大白兔77的个人经验，仅供参考

　　建议1：不论你走一还是二的路线，最基础的素养，都比专业知识来得更重要，最基础的素养反而能体现你的发展潜力。个人当前水平不错，但未来成长有限，也会成为企业拒绝你的理由。

　　无论各种岗位，基础是成长的基石，基础就是你把手上的每一件小事都办好，尽量提高效率和准确度，要盯着专业知识看，也要完善沟通、逻辑等基础能力，而无论哪种转型，管理能力都是必需的，不因为现在的公司小就以为没有训练自己管理能力的平台，请自行搜索管理是什么，回忆下，你在工作中是否都需要用到？

建议2：从能够发挥自己现有专长的岗位做起，比如培训专员转培训主管更容易。

建议3：考虑同公司转岗，同公司转岗阻力更小机会更多。而你表现出来的视野会给你加分，所以需要用各种方法扩大视野，招聘网站不要钱的研讨会多了去，面试不同公司的各种岗位候选人的时候，多问问别人公司的做法，三茅的精品课，便宜大碗，扩大视野之良方。

建议4：金字塔图中的能力、知识怎么学？怎么提高？见第一周内容。

1.新晋主管怎么才能出业绩

我所在的单位领导一直都很重视人才培养和发展，还成立了自己的企业大学。公司公布了新的人事任命，原本隶属于人力资源部门的培训科单独作为培训发展部，公司董事长兼任培训学院院长，与此同时，我也晋升为培训发展部主管，还在原人力资源部挑了两个同事和我一起做培训。

基本上，很多事情都需要我和两位伙伴共同承担，之前做培训专员的时候，我主要是针对不同层级、职能人员做培训方案的设计、落地，还有培训过程的跟踪和培训效果的评估反馈。现在突然获得提升，感觉苦尽甘来的同时，也对未来的工作产生了隐忧：

1. 我对公司的整体培训思路还不清晰，缺乏战略思维；

2. 团队管理经验欠缺，两位小伙伴都是跟我年资差不多的，但他们之前都没有做过培训，我也不知道怎么带；

3. 不希望公司后期引入空降兵来管理培训，但又担心自己能力不足辜负了领导的期望。

真的，看到这个问题，我的第一反应就是：董事长要秘密换将了！也许只是我的脑洞有点大吧，题主所在企业规模没到必须单设培训发展部的地步，加上发展两个字，更多是为企业培养、选拔人才的意思，而拉到人资以外，单设部门去做，通俗地说：要开始特种兵秘密选拔！

很多时候，公司组织结构的变化，就意味着权力在公司内部的重新分配。亲爱的题主，之前人资归谁分管？也是董事长吗？还是总经理或某个副总？对空喊话，题主也听不到，回答不了……

参考《大汉天子》之类的电视剧：扶幼主掌权之前，网罗一批小陪读，秘密培养成文武将……

第一题，假设果真如我的脑洞，则特种兵秘密选拔这样做：

1. 和直管本部门的领导讨论本部门的职能是什么（换句话说，去确定下，我的脑洞是不是对的），列清职能再办事。

2. 和直管本部门的领导讨论，公司需要什么样的人才？

3. 这些人才需要哪些技能？可能还需要组织领导钦点的高管共同研讨，换句话说，用业务的眼光看人才标准。

4. 现有人员中，有哪些人值得发展？列出名单和理由，并请领导斟酌。

5. 针对这些人做出培训发展计划，既然是大学，不仅需要自己当讲师，也需要开发讲师，同时需要借外脑（这个工作之前，还是问问领导可以批多少经费吧）。

6. 以上工作请务必秘密进行，尤其是人员选拔上。

第二题：临时、突发组建的草台班子，如何团队作战？

1. 题主不要过于谦虚，既然领导选你，一定有理由。你比另外两个小伙伴在培训这个事上懂更多，他们从你身上绝对能学到点什么的，所以请你抱着"我会教你们的"这样的态度。你现在是老大，老大都心虚，下面的人会更惶恐，让你的自信去感染他们。

2. 把你的经验＋流程＋相关流程文档直接传授给他们，必要时带一两次实战，不要怕教会他们你没饭吃，你有更重要的任务，基础工作迅速转移给他人。

3. 你的更重要的任务回到第一题。

第三题：你希不希望，这个事你都没有掌控权，那就别想啦！把忧心忡忡的时间和精力去做能做的、会做的。

题主的终极问题：新职位，如何做出成绩？

1. 题主的第一个和第二个问题非常好，她知道自己的软肋，也知道这是工作重点，非常机灵，董事长选人还是有眼光的。把这两个事做好了，就是成绩！而且是沉甸甸的成绩，非常拿得出手。

2. 题主的问题应该也启发到了其他同学们，新职位，如何做出成绩，尤其是管理岗位？第一，找到关键问题，第二，把部门带好。

3. 特别针对培训负责人，人才发展可做出的成绩包括但不限于：

A. 技术门类，培养技术骨干，具体方法太多，送出去学、师傅在岗教、考技术资格证等等，选适合你们公司的即可，如果你能培养1个，就是成绩。

B. 管理发展门类，培养管理人员，可能是从技术骨干转型的，能出来1个，也是成绩。

C.基础技能门类，让公司效率更好，品损更低，这也是成绩。

培训工作，在企业中有一个很重要的功能：帮企业打开视野。题主在做培训专员的时候，在针对不同层级、职能人员做培训方案的设计的时候，一定能感受到这一点：把各种岗位最前沿的信息带进公司。我猜你是这么做的，领导才会肯定你的培训工作，提拔了你。

培训工作做的就是知识技能的流动，外面的引进，内部的流通，如此而已，你继续保持即可，无非加了"发展"两个字，则带有为了企业未来人才的需要，提前储备知识技能的意味。你能分析到企业未来需要什么，从而去设计也好，寻访资源也好，更新到已有的培训课程设计中，再安排你的小兵去落实即可，充分传授给他们并授权，但一定不忘监督。

2. 中国 HR 生存发展现状

一、HRBP 薪资高，真的这样吗？

行业报告中，HRBP、薪酬模块薪资高，真的这样吗？真的是这样的，可但是呢——

双重转折，表示强调！确切地说，是能单独设置出模块的企业，具备一定规模，属于发展中期、成熟企业，给付薪水本身就高！不信？你随便搜招聘网站上的 HRBP，大多要求是这样的：

工作职责：

1. 了解业务部门的战略……

2. 负责完善业务部门人力资源的制度、流程、体系；提升人力资源运作效率；定期进行组织盘点，在招聘、培训、绩效考核、薪酬、员工关系等方面为业务部门提供有效的解决方案并实施；

3. 传承公司文化……

4. 配合 HR 各专业模块完成……

5. 主动与管理层、一线主管及员工进行多种形式的接触和有效沟通……

6. 参与业务部门人力资源项目……

任职资格：大学本科以上学历；3年以上行业经验，熟悉人力资源的流程体系；在绩效管理、员工关系、组织发展等方面有丰富的经验并有深入的思考；情商高，具备较强的沟通能力；具备项目管理能力……

大白兔77的建议：完全是对高素质 HRM 的要求！所以亲们，HRBP 不是你想做就能做，职业发展与其定位 BP 不如定位经理，求职范围更广阔。

二、分工不同，薪酬差异很大吗？

认真解读数据，不论是专员还是主管亦或总监，分工不同，薪酬差异化并不大，就几百块。

分析造成差异的原因，分工因素应该很小，决定性因素还是同上——能单独设置模块管理的公司本身给付力强。不同规模的企业不同薪资，刚好论证这一点。

大白兔77的建议：不论在同规模公司纵向发展（职位提升），还是不同规模公司横向发展（平台提升），精通1~2个模块都是很有必要的，而纠结哪个模块更好的孩子们，选你有兴趣并有优势的即可，不因培训比薪酬多一百块而选择自己没有兴趣也不擅长的。

举例：你是一个对数据敏感、办公软件使用超级熟练，且不爱言语的人，选薪酬方向发展比选培训更有利。

三、一个好消息是：是不是科班出身，对薪水的影响比我们想的少太多

报告中，经理级别科班出身比非科班多四百，占薪酬的5%。5个点都抵不上居民消费价格指数（CPI），能看这份报告的人，大多已经不是科班了，无需自怨自艾。根据白皮书，科班出身占样本数1/4，我们在那3/4中，也才少5个点，哪儿哪儿补一点都能补上。如果你是那1/4，偷着乐一下，但不要乐太久，管理类就业难度指数常年排前三。

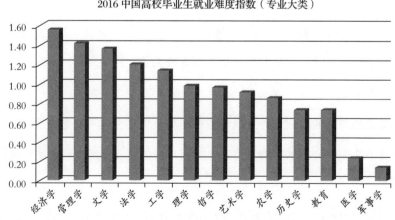

有图有真相

2016 中国高校毕业生就业难度指数（专业大类）

教育部发布2017年高校毕业生数量预计795万，行业报告则显示，应届人力资源专业毕业生2万。我们来算算比例1：400，再思考下：企业大多是一个 HR 管到几个人？传统行业大多是1：200左右，随着工业化的发展，比例会……

大白兔77的建议：不要觉得科班的少哦，教育部不是随便设计专业的，一定会测算市场需求而设计。也不要觉得市场对 HR 需求大，真心不大……

未来发展只有把自己训练成高端人才一条路，当然，你也可以改行……

四、两个坏消息是：跳槽薪水翻不了番；事务性工作占大头

报告中，跳槽带来的薪资平均涨幅才10%，我绝对相信这是真实的。HR 之路本来就不是高速公路，跳个槽涨了30%，那是销售、运营、技术们的故事，和我们无关。

另一个坏消息是：不论何种企业性质、何种行业，事务性工作都占了50%+，其间差异甚至可以忽略不计，最大差异不超过15%。

大白兔77的建议：

把50%~60% 的事务性工作做到极致，你已然是人尖子。不要瞧不起小事、琐事、杂事。如网友一白同学说的：把小事做到极致，反正，目前你也做不了什么大事；

如大白兔77说的：我就是这么干的，从此职场之路非常顺畅。

永远不要水平跳槽：跳个同规模、同薪水、同职位的槽，只会令自己的职业生命逐渐浪费和缩短，甚至导致身心俱疲。每跳一次，要向更高的岗位，或更优秀的公司平台或更高薪酬的岗位攀爬，一定不可以让自己之前的工作经验在跳槽中产生一丁点儿的浪费。

大白兔77的总结：

比工资的，别比啦，我们感受到的就是对的：HR不论什么企业，不论什么城市，工资都是不高的！投了10份简历还没收到面试通知的，不要怀疑自己啦，市场就是这样残酷的！如果你深爱这个岗位，如果你不是特别爱钱，如果你还愿意在HR之路上坚持，需要给自己定一个小小的目标：

1.尽可能在最短的时间内（建议不迟于35岁），做到优秀经理级别（参考薪资8000左右），才能最大限度对抗职业风险。否则一个35岁薪资在4000上下，事务性工作占大头的基础管理岗，很容易被取代。

2.通过卓有成效的努力完成自身职业发展上的品牌化。

卓有成效的努力指：找到自己的优点，千方百计去强化再强化，做到这个领域前20%的人；如果没找到，一定从现在开始从你感兴趣的地方入手，培养成优点；自我训练非常重要，你不可能永远跟随老师学习，要学会自我训练的方法。

品牌化指：结识你的贵人，可能是客户，可能是领导，可能是网站编辑，可能是行业会议上认识的嘉宾，向他们展示你的优点或产生联系，比如发一封问候的邮件；成为别人的贵人，你以为在帮别人的时候，其实是在帮自己，你的一举一动无不在树立自己的专业形象，特别是领导或关键的人；

参与大小项目，也许你在公司没有换岗的可能，也不能频频跳槽，你的项目经验就是你以后转型的资本。比如一个新公司成立项目，一次绩效管理项目，一次工作目标会议法推行项目，参与总结、征文，做一个学习班的组长等等，哪怕你在项目中只是倒茶的，参与即能学到，还能写在简历上。

tips: 事务型 HR 如何自我提升

我们 HR 工作是为了世界和平！一群人笑我疯。我们 HR 工作是为了公司赚钱！一群人笑而不语。我们 HR 工作是为了公司健康！一群人觉得自己疯……

我们工作是为了什么？首先，满足自己的生存和发展需要，其次，顺便自我实现（参见马斯洛需求的5个层次）。

我觉得吧，如果我们在满足了自我生存和发展之后，还能对公司健康有益，就会不断有小小的满足感，累积成大大的成就感。

在工作中，积极主动是什么？做一些自发的、面向变化以及面向未来的事。比如：

1. 一名新入职的专员请求别人对她的表现（自发行为）做出评价，这样她才能够知道自己需要培养什么样的技能（面向变化），并在以后她的简历中附上这么一笔技能（面向来来）。

2. 一名助理为她的上级提供了一个文件夹（自发行为），里面是有用的、值得参考的过去的会议纪要和事项，并且有利于来年（面向变化，面向未来）建立工作计划。

3. 一个主管对自己近来的招聘项目进行了评估（自发行为），与评估报告一起列出的还有他在明年的招聘项目（面向未来）中如何拓展自身技能（面向变化）的具体要求。

你越能有效地处理日常工作中的事务，就会变得越灵活，越开放，从而促进积极习惯的形成。

周恩来总理说过：与有肝胆人共事，于无字句处读书。有心，事务性工作也能做出战略性。

本周总结

因为要结束了，本周就不一句话总结了，多说几句。

感谢你不离不弃、不眠不休、不骂不拍看到这里，本人理科生，对文学其实也没多少爱好，看点小说，还都是些难登大雅之堂的科幻、悬疑、武侠小说，充分说明我没有很高的文学修养。用词精准、行云流水、嬉笑怒骂、跌宕起伏等等我都想追求，实在能力有限，我可以做也似乎能做好的，是把事情讲清楚。

念书的时候看教材，总不懂，总怀疑自己理解能力低下，俗称"笨死"。有一年，为儿子买了一部望远镜，说明书读得我想哭，如此明确、简洁，极具操作性。这个时候才发现误会自己了。

我希望本书能做到这一点，它是一本职场说明书汇编。如果看完本周内容，你觉得我没讲清、对你没有用，在此致歉，绝对不是你的理解有问题，绝对是我没讲好。

人有自然属性，也有社会属性，工作干得好不好，你说了不算，学历高不算，专业工具都会用不算，能力强亦做不了数，要你身边的人说了算。本周讲述的团队技巧，包括面试、招聘、薪酬、绩效、工作推进、公司生态、战略性管理、企业文化、从普通人到管理者，不论你是 HR，还是一个部门的主管，或者企业的管理者，还是想在不久后荣升为一名管理者，都可以拿来参考。

本书读完，你可能还会隐隐觉得，是哪里感觉不对？

是的，你非常敏感，确实有点不对——培训相关的我一个字都没提，培训何其重要的管理环节，我怎么就敢不着一墨。但从你翻开第一页，已经上了我的当，进入了77培训小讲堂。其中的小伎俩，你要是觉得好用，尽管在公司用起来，我不收版权费。

你或许疑惑，这不是一本讲人资的书啊，我受骗了。但我凭20年的人资经验告诉你，这是一本职场说明书，也是一本人资书。

涉及的专业技术要点，如果你觉得我讲述的案例还不够系统，你可以利用网络，搜到很多案例，基于这本书的管理思路之上，增加更多案例在你的知识库里。但我不建议这么做，通读完本书，你应该了解，刷例题太低效了，各种不符合你们公司实际情况的例题，刷了也没多大用途。

那，到底要怎么学习专业知识呢？如果你还有这样的疑问，回到第一周最后一节。

好了，到此就真的曲终人散去了，有很多舍不得，写这本书也是在内心和很多虚拟的职场朋友对话的过程，猜测你们的疑问，自问自答的过程，不论答得好不好，过程很愉悦，我甚至爱上了内心那些虚拟的你们。

后记

//·不安感如影随形·//

我会经常游走在"能不能行啊""大白兔77，你最棒"的不安和成就感之间，会有各种的自我怀疑：这件事值不值得做？这么做是不是最好的？诸如此类。

但通常，莽撞的我，彪悍的内心，又会杀出解决问题的自信，不管行不行，也去做。通常这么做了以后，即使没有大成功，也有小收获，总能找到让自己小得意的处理手法。

小莉，是和我一样有这么一种不安感的 HR，我并不觉得有什么不好，越能干的人，越迷茫。

我把不安感，叫做根深，正是因为顾虑太多，我们的思维触角才多，我们"问题的根"才扎得深，根扎得有多深，我们有多少不安。

但，高度，不就是在根深的基础上延展出来的吗？

这本书就要结束了。我们都一样，不论我坐上多高的位置，仍然是小蚂蚁，这本书集中了非常多小蚂蚁的真实故事，我们用自己的经验好像撼动了大象，虽然离搬动它还有距离。

最后，希望你在以后的旅途中，当你需要独自前行时，回想这本书，你并不孤单；当害怕未来，害怕自己能力不足的时候，可以把这本书的经验用在未知的事上。

学习之旅永无止息，用好玩的心态去学你想学的，不论有用没用，体验到愉悦，这人生也赚到了。

//·他的23岁·//

小元在日记里写道：工作了以后才发现，做学生的时候浪费了太多时间，把时间用在了游戏和消遣上，小资地看场电影、打打牌，我觉得那时候是最美好的日子。

好像最惬意的时候往往都是短暂的，我们没有时间再去回忆美好，遇到的一丝一毫的不好都放大得如此膈应，如鲠在喉。我副总和我说："我今年42岁，比你大一轮多，我比你大的这么几年我见过很多人，所以我比你狡猾。"我说：
"您可以直接说的，我知道我不够聪明。"

我这种人，好像出了事故才懂事故，做了人事才懂人事一样，或许成熟不是一下子到了一个年龄、就如同经验值满了一般、华丽丽的金光四射，就变得老成，有了城府，看透了人心。更多的，只是在每天打打小怪，慢慢付出了红蓝和时间，换取微不足道的经验，说不定还一不小心被路上横空出世的小怪踹了一脚就回城重新开始。

比起去年今天，我貌似更加淡定，因为我没有想法，所以没有压力，没有那么迫切地去完成什么事情，好像这一年我也没有做什么事情，就是呆着呆着，看着看着。看着人家打怪，如何升级，也凑到了一点点经验的样子，或者学习和实践都是同时潜移默化的吧，反正政治学得不好就不扯了。

今天日记的主题是：好像工资还不够我学习的，不够看书的，好像时间也不够，总之好像一切一切都快进了，快得忘了灵魂，抛弃了身体，跟不上世界，也跟不上年龄以及年龄背后的责任。

最后多说一句，我也想过买彩票发家致富，但是它是一个正态分布，如果没有勇气冒着风险去学习研究基金股票，那么为什么不去把钱存起来，吃点利息也算理财。

谨以此文献给所有在努力的人们。

他的25岁

风风雨雨两年过去，从小白变成老白，脸也更惨白了。两年前，一个工作事故，就能让我心惊肉跳、苦闷无比去写日记；现在，什么大事，在我看来都是工作，沉着冷静，去应对就行。对，我不是最聪明的，我也不是最世故的，但我好歹涨工资了，坐稳主管位置了，但未来会怎样，我还是不知道，钱和时间，依旧都不够花。

谨以此文，献给和我一样学习中的人们。

他的28岁

作为一个职场老鸟，我负责任地告诉你们，挖"深井"很有必要！谁能知道在这个行业我变得有名气了，多亏日日夜夜招聘，整个城市行业中的人，我都见过了，公司不出名，我出名了。猎头开始挖我了……

谨以此文，献给和我一样沉迷工作不能自拔的人们。

他的30岁

伤春悲秋没有必要！机会总是垂青有准备的人！7年，我，还做人事，实务基础和知识储备，让我识别问题特别厉害，一个能解决问题的人，钱不少，但时间还是不够花……

谨以此文，献给和我一样焦虑的中年人。

他的68岁

我退休了，我终于有大把时间了！我阅人无数，历尽千帆，我写下这行字，献给你们：我白手起家，我没有钱，我也不会说英语，对管理规则一无所知，我是从最基础的开始学习。这个世上从来没有完美的人生，如果你拥有了这样的人生，就失去了奋斗的理由，你没有必要为了改善生活而打拼，你甚至不会有写日记的习惯。

以上除23岁为小元贡献的日记，其他均为我的杜撰，我们可以读出年轻人的纯真、迷茫、钱和时间都不够花。谁都是这么过来的，如果你也在经历这个阶段，没什么，老了老了，就笑看风云了。年轻贪玩，无需自责，胡适日记，通篇都是：今天又打牌了。我们可以读出中年人的压力，如果你也在经历这个阶段，没什么，肯定自己，是对抗压力的最好办法。

人生任何一个阶段，我们都会对自己不满意，我们都埋怨之前没有做得更完美，但每一天，都是未来的过去。

你未来会怎样，取决于你今天在做什么。

今天，你在做什么？

作者简介

赵 颖

网络 ID "大白兔 77 赵颖"。

拥有近 10 年外企管理经验，其中 3 年世界 500 强企业管理经历，7 年上市公司人力资源总监工作经验，中国首批一级人力资源管理师；曾担任一级人力资源师课程讲师，独立开发课件并主持千人以上培训会；三茅人力资源网特聘专栏作家，曾创下半年内专栏连载点击过百万的纪录；著有《一个 HRD 的真实一年》。

想 象 之 外　品 质 文 字

你要无可替代：一个 HRD 的 21 天进阶之旅

策　　划 ｜领读文化　　　　　　执行编辑 ｜领读＿屈美佳

责任编辑 ｜孟繁强　　　　　　版式设计 ｜领读＿蒙海星

封面设计 ｜ 尚書堂·叫默
　　　　　　BOOK DESIGN
　　　　　　13141286458

更多品质好书关注：

官方微博 @领读文化　官方微信｜领读文化